HARRAP'S

Italian Vocabulary

Compiled by
LEXUS
with
Carla Zipoli
and
Gabriella Bacchelli

HARRAP
London

First published in Great Britain 1990
by HARRAP Books Ltd
Chelsea House, 26 Market Square, Bromley, Kent

© *Harrap Books Limited 1990*

ISBN 0 245-60051-5

Printed in Great Britain by
Richard Clay Ltd, Bungay, Suffolk

INTRODUCTION

This Italian vocabulary book has been compiled to meet the needs of those who are learning Italian and is particularly useful for those taking school examinations. The basic vocabulary required for these is fully treated in this book.

A total of over 6,000 vocabulary items divided into 65 subject areas gives a wealth of material for vocabulary building, with the words and phrases listed being totally relevant to modern Italian. The majority of vocabulary items are listed in thematic groupings within each section, thus enabling the user to develop a good mastery of the relevant topic.

An index of approximately 2,000 words has been built up with specific reference to school exam requirements. This index is given in English with cross-references to the section of the book where the Italian vocabulary item is given.

This book will be an invaluable tool for success in Italian.

Abbreviations used in the text:

m	masculine
f	feminine
pl	plural
inv	invariable nouns and adjectives (i.e. which do not change their endings in the plural)
equiv	equivalent
R	registered trade mark

CONTENTS

CONTENTS

CONTENTS

1. PER DESCRIVERE LE PERSONE
DESCRIBING PEOPLE

essere	to be
avere	to have
sembrare	to look, to seem
aver(e) l'aria	to look
pesare	to weigh
descrivere	to describe
abbastanza	quite
piuttosto	rather
molto, tanto	very
troppo	too
un po'	a little, a bit
la descrizione	description
l'aspetto, l'aria	appearance, look
la statura	height
la taglia	size
il peso	weight
i capelli	hair
la barba	beard
i baffi	moustache
gli occhi	eyes
la pelle	skin
la carnagione, il colorito	complexion
un brufolo, un foruncolo	spot, pimple
un neo	mole, beauty spot
le lentiggini	freckles
le rughe	wrinkles
le fossette	dimples
gli occhiali	glasses
le lenti a contatto	contact lenses
giovane	young
anziano, vecchio	old
alto	tall
basso	small

di media statura	of average height
grasso	fat
magro	thin, skinny
snello	slim
muscoloso	muscular
bello	beautiful, good-looking, handsome
carino	pretty, sweet, cute
brutto	ugly
foruncoloso	spotty
abbronzato	sun-tanned
pallido	pale
rugoso	wrinkled
avere gli occhi ...	to have ... eyes
azzurri	blue
verdi	green
grigi	grey
castani	brown
color nocciola	hazel
neri	black

che tipo è?
what's he/she like?

potrebbe descriverlo/descriverla?
can you describe him/her?

sono alto/a un metro e 75
I'm 1.75 metres (5 feet 9 inches) tall

peso 70 chili
I weigh 11 stone(s) (70 kilos)

l'uomo con la barba bianca
the man with the white beard

una donna con gli occhi azzurri
a woman with blue eyes

ha dei begli occhi
he's/she's got beautiful eyes

ha l'aria un po' strana
he/she looks a bit strange

See also sections **2 CLOTHES, 3 HAIR AND MAKE-UP, 4 BODY, 6 HEALTH** and **61 DESCRIBING THINGS**

2. I VESTITI E LA MODA
CLOTHES AND FASHION

vestirsi	to dress
svestirsi	to undress
mettersi, infilarsi	to put on
togliersi, levarsi	to take off
cambiarsi	to change
provarsi	to try on
portare, indossare	to wear
star(e) bene	to suit
andar(e) bene	to fit

i vestiti   clothes

il cappotto	coat (*full length*)
il soprabito	overcoat
l'impermeabile (*m*)	raincoat
la mantella	cape
la giacca a vento	anorak
il K-way (*inv*)	cagoule
il giubbotto	bomber jacket
la giacca	jacket

l'abito da uomo	suit
il tailleur (*inv*)	(lady's) suit
lo smoking (*inv*)	dinner jacket
l'uniforme (*f*)	uniform

i pantaloni, i calzoni	trousers
i pantaloni da sci	ski pants
i (blue-) jeans	jeans
la salopette (*inv*)	dungarees
la tuta	track suit
gli shorts	shorts

il vestito, l'abito	dress
l'abito da sera	evening dress
la gonna	skirt

la gonna a pieghe	pleated skirt
la minigonna	mini-skirt
la gonna pantalone	culottes
il golfino	jumper
il maglione	sweater, heavy jumper
il maglione dolcevita	polo neck jumper
il maglione a V	V-neck jumper
il panciotto	waistcoat
il golf (*inv*)	cardigan
la camicia	shirt
la camicetta	blouse
la camicia da notte	nightdress
il pigiama	pyjamas
la vestaglia	dressing gown
l'accappatoio	bathrobe
il bikini (*inv*)	bikini
il costume da bagno	swimming costume, trunks
la biancheria intima	underwear
gli slip, le mutande	(under)pants
le mutandine	(lady's) pants
il reggiseno	bra
la canottiera	vest
la maglietta, **la t(ee)-shirt** (*inv*)	T-shirt
la sottogonna	underskirt
la sottoveste	petticoat
il reggicalze (*inv*)	suspenders
le calze	stockings, socks
il collant (*inv*)	tights
i calzini	(men's) socks
i calzettoni	(long) socks
il berretto	beret, cap
il cappello	hat
il cappuccio	hood

le calzature — footwear

le scarpe	shoes
gli stivali	boots
gli stivali di gomma	Wellington boots/wellingtons
gli stivaletti	ankle boots
le scarpe da ginnastica	trainers
gli scarponi da sci	ski boots
i sandali	sandals
le espadrilles	espadrilles
gli infradito	flip-flops
le pantofole	slippers
un paio di	a pair of
la suola	sole
il tacco	heel
le scarpe senza tacco	flat heels
i tacchi a spillo	stiletto heels

gli accessori — accessories

la bombetta	bowler (hat)
il cappello di paglia	straw hat
il cappello da sole	sun hat
la sciarpa	scarf (*long*)
il foulard (*inv*)	scarf (*square*)
i guanti	gloves
le muffole	mittens
la cravatta	tie
il farfallino	bow tie
le bretelle	braces
la cintura	belt
il colletto	collar
i polsini	cuffs
il bottone	button
la tasca	pocket
i gemelli	cufflinks

la (cerniera) lampo	zip
le stringhe, i lacci	shoelaces
il nastro	ribbon
il fazzoletto	handkerchief
l'ombrello	umbrella
la borsa, la borsetta	handbag

i gioielli — jewellery

il gioiello	piece of jewellery
l'argento	silver
l'oro	gold
una pietra preziosa	precious stone
la perla	pearl
il diamante	diamond
lo smeraldo	emerald
il rubino	ruby
lo zaffiro	sapphire
l'anello	ring
gli orecchini	earrings
il braccialetto	bracelet
il bracciale	bangle
la spilla	brooch
la collana	necklace
la catenina	chain
il ciondolo	pendant
l'orologio	watch
la bigiotteria	costume jewellery
l'anello d'oro	gold ring
la collana di perle	pearl necklace

la taglia — size

piccolo	small
medio	medium
grande	large
corto	short
lungo	long

largo	wide
ampio	loose-fitting
stretto	tight
aderente	(too) tight, clinging
la taglia	size
la vita	waist
il numero (di scarpe)	shoe size
la circonferenza del collo	collar size
la circonferenza dei fianchi	hip measurement
la circonferenza del petto	bust/chest measurement
la circonferenza della vita	waist measurement

la linea   style

l'indossatore/l'indossatrice	model (*person*)
il modello	model, design
lo stile	style
il colore	colour
la sfumatura	shade
il motivo, il disegno	pattern
la stoffa, il tessuto	material
in tinta unita	plain
stampato	printed
ricamato	embroidered
a quadretti	check(ed) (*small*)
a scacchi	check(ed) (*large*)
scozzese	tartan
a fiori	flowered, flowery
a pieghe, plissettato	with pleats, pleated
a pois	polka-dot
a righe	striped
elegante, chic (*inv*)	elegant
in abito da cerimonia/da sera	formal/evening dress
sportivo, casual (*inv*)	casual
trasandato	sloppy
semplice	simple
sobrio	sober

vistoso, chiassoso	loud
di moda, all'ultima moda	fashionable
passato di moda	old-fashioned
su misura	made-to-measure
scollato	low-cut

la moda   fashion

la collezione (invernale)	(winter) collection
l'industria	clothing industry
dell'abbigliamento	
la sartoria	dressmaking
gli abiti prêt-à-porter	off-the-peg clothes
l'alta moda	high fashion
lo/la stilista	fashion designer
il sarto/la sarta	dressmaker
la sfilata di moda	fashion show

dei calzini (da uomo) di cotone/di lana
cotton/woollen socks

è di pelle/di cuoio
it's (made of) leather

vorrei qualcosa di meno caro
I'd like something cheaper

una gonna intonata a questa camicetta
a skirt that matches this shirt

che taglia porta?
what is your size?

che numero (di scarpe) porta?
what size (of shoes) do you take?

il rosso mi sta male
red doesn't suit me

questi pantaloni ti stanno proprio bene
these trousers suit you

See also sections **14 LIKES AND DISLIKES, 18 SHOPPING,
62 COLOURS** and **63 MATERIALS**

3.   I CAPELLI E IL TRUCCO
HAIR AND MAKE-UP

pettinarsi	to comb/do one's hair
spazzolarsi i capelli	to brush one's hair
tingersi i capelli	to dye one's hair
ossigenarsi i capelli	to dye one's hair blonde
farsi tagliare i capelli	to have a hair-cut
farsi tingere i capelli	to have one's hair dyed
(farsi) fare la messa in piega	to have one's hair curled, to have a blow-dry
(farsi) fare le mèche	to have one's hair streaked
(farsi) fare la permanente	to have a perm
asciugarsi i capelli	to dry one's hair
tagliare	to cut
cambiare pettinatura	to change hair-style
spuntare	to trim
truccarsi	to put one's make-up on
struccarsi	to remove one's make-up
mettersi il profumo, profumarsi	to put on perfume
mettersi lo smalto	to put on nail varnish
radersi	to shave (*beard*)
depilarsi	to shave (*legs*)
lavarsi la testa/i capelli	to wash one's hair

la lunghezza dei capelli
hair length

avere i capelli ...	to have ... hair
corti	short
lunghi	long

il colore dei capelli
hair colour

avere i capelli ...	to have ... hair
biondi	blond, fair

castani	brown, chestnut
neri	black
rossi	red, ginger
grigi	grey
brizzolati	greying
bianchi	white
essere ...	to be ...
biondo	blond, fair-haired
bruno	dark-haired
rosso	red-headed
calvo	bald

le acconciature   hairstyles

avere i capelli ...	to have ... hair
ricci	curly
mossi	wavy
lisci, dritti	straight
fini	fine
folti	thick
tinti	dyed
grassi	greasy
secchi	dry
avere i capelli a spazzola	to have a crew-cut
un taglio (di capelli)	(hair)cut
una pettinatura a caschetto	bob
una permanente	perm
un ricciolo	curl
una ciocca (di capelli)	lock (of hair)
le mèche	highlights
la frangetta, la frangia	fringe
il ciuffo	tuft
la riga	parting
la coda di cavallo	pony tail
lo chignon (*inv*)	bun
la treccia	plait, pigtail
i codini	bunches
il pettine	comb
la spazzola (per i capelli)	hairbrush

il fermacapelli (*inv*)	hairslide
una forcina	hairpin
un bigodino	roller
l'arricciacapelli (*inv*)	tongs
la parrucca	wig
lo sciampo, lo shampoo (*inv*)	shampoo
il gel (*inv*)	gel
la lacca, il fissatore	hair spray

i cosmetici   make-up

la crema per il viso	face cream
la crema idratante	moisturizing cream
la maschera di bellezza	face pack
la cipria	powder
il portacipria (*inv*)	compact
il fondotinta (*inv*)	foundation (cream)
il rossetto	lipstick
il mascara (*inv*)	mascara
l'ombretto	eye-shadow
lo smalto per unghie	nail varnish
il solvente per lo smalto	nail varnish remover
la limetta da unghie	nail file
il profumo	perfume
l'acqua di colonia	cologne
il deodorante	deodorant

la rasatura   shaving

la barba	beard
i baffi	moustache
il rasoio	razor
la lametta da barba	razor blade
il pennello da barba	shaving brush
la schiuma da barba	shaving foam
il dopobarba (*inv*)	after-shave

4. IL CORPO UMANO
THE HUMAN BODY

le parti del corpo — parts of the body

la testa, il capo	head
il collo	neck
la gola	throat
la nuca	nape of the neck
la spalla	shoulder
il petto	chest, bust
il seno	breasts
lo stomaco	stomach (*above waist*)
il ventre, la pancia	stomach (*below waist*)
la schiena	back
il braccio (*pl* le braccia)	arm
il gomito	elbow
la mano (*pl* le mani)	hand
il polso	wrist
il pugno	fist
il dito (*pl* le dita)	finger
il mignolo	little finger
l'indice (*m*)	index finger
il pollice	thumb
l'unghia	nail
la vita	waist
il fianco, l'anca	hip
il sedere	bottom
le natiche	buttocks
la gamba	leg
la coscia	thigh
il ginocchio	knee
(*pl* le ginocchia)	
il polpaccio	calf
la caviglia	ankle
il piede	foot
il calcagno, il tallone	heel
un dito del piede	toe

l'alluce (*m*)	big toe
l'organo	organ
un arto	limb
il muscolo	muscle
l'osso (*pl* **le ossa**)	bone
lo scheletro	skeleton
la colonna vertebrale	spine
la costola	rib
la carne	flesh
la pelle	skin
il cuore	heart
i polmoni	lungs
il fegato	liver
i reni	kidneys
la vescica	bladder
il sangue	blood
la vena	vein
l'arteria	artery

la testa   the head

il cranio	skull
il cervello	brain
i capelli	hair
la faccia, il viso	face
i tratti (del viso)	features
le rughe	lines, wrinkles
la fronte	forehead
la tempia	temple
le sopracciglia	eyebrows
le ciglia	eyelashes
l'occhio	eye
le palpebre	eyelids
la pupilla	pupil
il naso	nose
la narice	nostril
la guancia	cheek
lo zigomo	cheekbone
la mascella	jaw (*upper*)
la bocca	mouth

le labbra	lips
la lingua	tongue
il dente	tooth
il dente di latte	milk tooth
il dente del giudizio	wisdom tooth
il mento	chin
la fossetta	dimple
l'orecchio	ear
(*pl* **gli orecchi/le orecchie**)	

See also section **7 MOVEMENTS AND GESTURES**

5. COME TI SENTI?
HOW ARE YOU FEELING?

sentirsi, stare	to feel
stare/sentirsi bene	to be well
stare/sentirsi poco bene	to be unwell
avere la nausea	to feel sick/queasy
avere ...	to be ...
caldo	warm
(molto) caldo	hot
freddo	cold
fame	hungry
una fame da lupo	ravenous
sete	thirsty
sonno	sleepy
affamato	starving
in (gran) forma	(very) fit, on (top) form
pieno di energia	full of energy
stanco	tired
esausto, sfinito	exhausted
debole	weak
fragile, delicato	frail
sano	healthy
in salute	in good health
ammalato, malato	sick, ill
sveglio	alert, awake
agitato	agitated
mezzo addormentato	half asleep, lethargic
addormentato	asleep
bagnato fradicio	soaked
gelato	frozen
troppo	too
completamente	totally
ha l'aria stanca	
he/she looks tired	

mi sento debole
I feel weak

ho un gran caldo
I'm too hot

hai abbastanza caldo?
are you warm enough?

ho una fame da morire!
I'm starving!

sono stanco/a morto/a
I'm exhausted

non ne posso più!
I've had enough!

sono distrutto/a
I'm worn out

See also section **6 HEALTH**

6. LA SALUTE, LE MALATTIE E LE INFERMITÀ
HEALTH, ILLNESSES AND DISABILITIES

stare ...	to be ...
bene	well
poco bene, male	unwell, ill
meglio	better
ammalarsi	to fall ill
prendere	to catch
avere ...	to have ...
(il) mal di pancia/ di stomaco	a sore stomach
(il) mal di testa	a headache
(il) mal di gola	a sore throat
(il) mal di schiena	backache
(il) mal d'orecchi	earache
(il) mal di denti	toothache
aver la nausea	to feel sick/queasy
avere il mal di mare	to be/feel seasick
avere dei dolori, soffrire	to be in pain
soffrire (di)	to suffer (from)
avere il raffreddore	to have a cold
soffrire di (mal di) cuore	to have a heart condition
rompersi/fratturarsi una gamba	to break one's leg
slogarsi una caviglia	to sprain one's ankle
farsi male alla schiena	to hurt one's back
far male	to hurt
sanguinare	to bleed
vomitare, rimettere	to vomit
tossire	to cough
starnutire	to sneeze
sudare	to sweat
tremare	to shake
avere i brividi	to shiver

avere la febbre	to have a temperature
svenire	to faint
essere in coma	to be in a coma
avere una ricaduta	to have a relapse
curare	to treat
assistere	to nurse
prendersi cura di	to take care of
chiamare	to call
mandare a chiamare, far venire	to send for
prendere un appuntamento	to make an appointment
visitare	to examine
consigliare	to advise
ordinare	to prescribe
operare	to operate
farsi operare	to have an operation
farsi togliere le tonsille	to have one's tonsils taken out
fare una radiografia	to have an X-ray
medicare una ferita	to dress a wound
aver(e) bisogno di	to need
prendere	to take
riposarsi	to rest
essere in convalescenza	to be convalescing
guarire	to heal, to recover
essere a dieta	to be on a diet
dimagrire	to lose weight
gonfiarsi	to swell
infettarsi	to become infected (*wound*)
peggiorare	to get worse
morire	to die
malato, ammalato	ill, sick, unwell
debole	weak
guarito	cured
in salute	in good health
vivo	alive
incinta	pregnant
allergico (a)	allergic (to)

anemico	anaemic
diabetico	diabetic
stitico	constipated
doloroso	painful
contagioso	contagious
grave	serious
infetto	infected (*wound*)
contagiato	infected (*person*)
gonfio	swollen
rotto, fratturato	broken
slogato	sprained

le malattie — illnesses

la malattia	disease, illness
il dolore	pain
il crampo	cramp
un'epidemia	epidemic
un attacco	fit, attack
una ferita	wound
una piaga	sore
una distorsione, una slogatura	sprain
una frattura	fracture
un'emorragia	haemorrhage
una perdita di sangue	bleeding
il sangue da naso	nose bleed
la febbre	fever, temperature
la temperatura	temperature
il singhiozzo	hiccups
la tosse	cough
il polso	pulse
il respiro	breathing
il sangue	blood
il gruppo sanguigno	blood group
la pressione (del sangue)	blood pressure
le mestruazioni	period
un aborto	abortion, miscarriage
l'acidità di stomaco	indigestion

l'AIDS (*mf*)	AIDS
l'appendicite (*f*)	appendicitis
l'artrite (*f*)	arthritis
l'ascesso	abscess
l'asma	asthma
un attacco epilettico	epileptic fit
una bronchite	bronchitis
il cancro	cancer
un colpo di sole, un'insolazione	sunstroke
la commozione cerebrale	concussion
la diarrea	diarrhoea
l'emicrania	migraine
l'epilessia	epilepsy
l'ernia	hernia
l'esaurimento nervoso	nervous breakdown
la febbre da fieno	hay fever
un'infarto, un attacco cardiaco	heart attack
un'infezione alla gola	throat infection
un'infezione	infection
l'influenza	flu
la leucemia	leukaemia
il mal di stomaco	upset stomach
il mal di testa	headache
la meningite	meningitis
il morbillo	measles
gli orecchioni	mumps
la pertosse	whooping cough
la polmonite	pneumonia
la rabbia	rabies
il raffreddore	cold
i reumatismi	rheumatism
la rosolia	German measles
la scarlattina	scarlet fever
la stitichezza	constipation
il tifo	typhoid
la tubercolosi	TB
l'ulcera	ulcer
il vaiolo	smallpox

la varicella	chickenpox

la pelle   the skin

una scottatura	burn, sunburn
un taglio	cut
un graffio	scratch
un'escoriazione	graze
una puntura (d'insetto)	(insect) bite
una morsicatura	bite (*snake*)
il prurito	itch
un'eruzione	rash
l'acne (*f*)	acne
un foruncolo	spot
una verruca, un porro	wart
un callo	corn
una vescica, una bolla	blister
un livido, un ematoma	bruise
una cicatrice	scar

le cure   treatments

la medicina	medicine
l'igiene (*f*)	hygiene
la salute	health
la contraccezione	contraception
un trattamento, una terapia	(course of) treatment
le cure	health care
il pronto soccorso	first aid
l'ospedale (*m*)	hospital
la clinica	clinic
l'ambulatorio	(doctor's) surgery
un'operazione d'urgenza	emergency operation
l'ambulanza	ambulance
la lettiga, la barella	stretcher
il termometro	thermometer
la fleboclisi (*inv*)	drip
il clistere	enema
il purgante, la purga	purge
la sedia a rotelle	wheelchair

l'ingessatura	plaster cast
le stampelle	crutches
l'operazione (f), l'intervento	operation
l'anestesia	anaesthetic
i punti	stitches
una trasfusione di sangue	blood transfusion
una radiografia	X-ray
una dieta	diet
un consulto	consultation
un appuntamento	appointment
la ricetta (medica)	prescription
la convalescenza	convalescence
una ricaduta	relapse
la guarigione	recovery
la morte	death
il dottore/la dottoressa	doctor
il medico di turno	duty doctor
lo/la specialista	specialist
il chirurgo	surgeon
l'infermiera/l'infermiere	nurse/male nurse
il/la paziente	patient

i farmaci — medicines

il farmaco, la medicina	medicine
la farmacia	chemist's
gli antibiotici	antibiotics
un antidolorifico, un analgesico	painkiller
un'aspirina	aspirin
un sedativo, un calmante	tranquilliser
un sonnifero	sleeping tablet
un lassativo	laxative
un tonico	tonic
le vitamine	vitamins
lo sciroppo per la tosse	cough mixture
una pastiglia, una compressa	tablet, lozenge, pastille
la pillola	pill
le gocce	drops

il disinfettante	antiseptic
la pomata	ointment
la penicillina	penicillin
il cotone idrofilo	cotton wool
il gesso	plaster
la benda	bandage, dressing
il cerotto	sticking plaster
l'assorbente igienico	sanitary towel
il tampone	tampon
l'iniezione (*f*), **la puntura**	injection
la vaccinazione	vaccination

dal dentista   at the dentist's

il/la dentista	dentist
la dentiera	dentures
la carie	decay
l'estrazione (*f*)	extraction
l'otturazione (*f*)	filling
la placca batterica	plaque

le infermità   disabilities

(h)andicappato/a	disabled
mongoloide	Down's syndrome (*adj*)
cieco	blind
daltonico	colour-blind
miope	short-sighted
presbite	long-sighted
duro d'orecchio, un po' sordo	hard of hearing
non udente, sordo	deaf
sordomuto	deaf and dumb
invalido	crippled (disabled)
mutilato	crippled (maimed)
zoppo	lame
un (h)andicappato (mentale)	(mentally) handicapped person
un cieco	blind person
un infermo	disabled person

il bastone	stick
l'apparecchio acustico	hearing aid
gli occhiali	glasses
le lenti a contatto	contact lenses

come si sente?
how are you feeling?

non mi sento (molto) bene
I don't feel very well

ho la nausea/il vomito
I feel sick

mi gira la testa
I feel dizzy

dove le fa male?
where does it hurt?

mi fanno male gli occhi
my eyes are sore

non è niente di grave
it's nothing serious

mi sono misurato/a la febbre
I took my temperature

ha la febbre a 38/ha 38 di febbre
he's/she's got a temperature of 101

ha fatto/avuto un'operazione all'occhio
he/she had an eye operation

ha qualcosa contro/per ...?
have you got anything for ...?

See also section **4 THE BODY**

7. I MOVIMENTI E I GESTI
MOVEMENTS AND GESTURES

andare e venire

comings and goings

andare	to go
apparire	to appear
arrivare	to arrive
zoppicare	to limp
continuare	to continue, to go on
correre	to run
passare davanti (a)	to pass, to go past
scendere (le scale)	to go/come down(stairs)
scendere (da)	to get off
sparire	to disappear
entrare (in)	to go/come in(to)
precipitarsi (in)	to rush in
rimanere inchiodato sul posto	to be rooted to the spot
camminare avanti e indietro	to pace up and down
(andare a) fare una passeggiata	to go for a walk
slittare, scivolare	to slide (along)
camminare, andare a piedi	to walk
camminare a grandi passi	to stride
camminare all'indietro	to walk backwards
salire (le scale)	to go up(stairs)
salire (su)	to get on
andar via, andarsene	to go away
andarsene in fretta	to rush away
attraversare	to go through, to cross
indietreggiare	to move back
ridiscendere	to go back down
tornar su/giù	to go back up/down
ripartire	to set off again
rientrare, tornare	to go/come back (in/home)
uscire di nuovo	to go/come back out
rimanere	to stay, to remain

tornare, ritornare	to return, to come back
saltellare	to hop
saltare	to jump
fermarsi	to stop
andare a far due passi/ un giro	to go for a stroll
nascondersi	to hide
andare a dormire/a letto	to go to bed
sdraiarsi	to lie down
affrettarsi	to hurry
avviarsi	to set off
mettersi in viaggio	to set off on a journey
uscire (da)	to come/go out (of)
seguire	to follow
sbucare all'improvviso	to appear suddenly
barcollare	to stagger
trascinarsi	to dawdle
bighellonare	to hang about
inciampare	to trip
venire	to come
l'arrivo	arrival
la partenza	departure
l'inizio	beginning
la fine	end
l'ingresso	entrance
l'entrata	entrance
l'uscita	exit, way out
il ritorno	return
la traversata	crossing (*sea*)
l'attraversamento	crossing (*road*)
una passeggiata	walk, stroll
un giro (a piedi)	walk, stroll
il modo di camminare	way of walking
un passo	step
un giro	stroll
il riposo	rest
un salto	jump
un sobbalzo	start
passo passo	step by step

in punta di piedi	on tiptoe
a passi felpati	stealthily
di corsa	at a run

le azioni   actions

prendere, afferrare	to catch
abbassare	to lower, to pull down
muoversi	to move
cominciare	to start
togliere	to remove
chiudere	to close
finire	to finish
colpire, urtare	to hit, to knock
buttare via	to throw away
lanciare, tirare	to throw
far cadere	to drop
alzare	to lift, to raise
mettere	to put, to place, to set
portare	to carry, to bring, to take
aprire	to open
posare	to put down
spingere	to push
tirare	to pull
prendere	to take, to get, to fetch
ricominciare (da capo)	to start again
accovacciarsi	to squat down
inginocchiarsi	to kneel down
stirarsi	to stretch out
allungare	to stretch
appoggiarsi (contro/su/a)	to lean (against/on)
sedersi	to sit down
chinarsi	to stoop
alzarsi	to get/stand up
sporgersi (da)	to lean (out)
riposarsi	to (have a) rest
voltarsi, girarsi	to turn round
infilarsi (fra)	to squeeze in
far sussultare	to give a start
tener (stretto)	to hold (tight)

aggrapparsi (a)	to hang on to
toccare	to touch
trascinare	to drag

le posizioni — postures

seduto	sitting, seated
in piedi	standing
appoggiato	leaning
appeso	hanging
accovacciato	squatting
inginocchiato	kneeling
in ginocchio	on one's knees
sdraiato, disteso	lying down
a pancia in giù	lying face down
appoggiato (su/contro/a)	leaning (on/against)
carponi (*inv*)	on all fours

i gesti — gestures

abbassare gli occhi	to look down, to lower one's eyes
sbattere le palpebre	to blink
dare un calcio/una pedata (a)	to kick
dare un pugno (a)	to punch
dare uno schiaffo (a)	to slap
strizzare l'occhio	to wink
fare una smorfia/le boccacce	to make a face
fare segno/cenno	to make a sign
gesticolare	to gesticulate
aggrottare le sopracciglia	to frown
alzare le spalle	to shrug (one's shoulders)
far (cenno) di sì con la testa	to nod
dare un'occhiata	to (cast a) glance
guardare in su	to look up
sollevare gli occhi	to raise one's eyes
indicare	to point at
ridere	to laugh
scuotere la testa	to shake one's head
sorridere	to smile

uno sbadiglio	yawn
una strizzatina d'occhio	wink
un'occhiata	glance
un calcio, una pedata	kick
un pugno	punch
un gesto	gesture
uno schiaffo	slap
una smorfia	grimace
un'alzata di spalle	shrug
un cenno di sì con la testa	nod
un movimento	movement
una risata	laugh
un cenno	sign
un segnale	signal
un sorriso	smile

ci siamo andati in macchina
we went there by car

vado a scuola a piedi
I walk to school

è sceso/a di corsa giù per le scale
he/she ran downstairs

sono uscito/a di corsa
I ran out

è entrato/a barcollando
he/she staggered in

abbiamo fatto dieci chilometri a piedi
we walked 10 kilometres

mi sono avvicinato/a alle ragazze
I walked up to the girls

8. L'IDENTITÀ
IDENTITY

il nome
name

chiamare	to name, to call
battezzare	to christen
chiamarsi	to be called
soprannominare	to give a nickname to
firmare	to sign

l'identità	identity
la firma	signature
il nome	name
il cognome	surname
il nome (di battesimo)	first name
il cognome da ragazza/ da nubile	maiden name
il soprannome	nickname
il nomignolo	pet name
le iniziali	initials
il signor (sig.) Rossi	Mr Rossi
la signora (sig.ra) Rossi	Mrs Rossi
la signorina (sig.na) Rossi	Miss Rossi
i signori	gentlemen
le signore	ladies

la nazionalità	nationality
il luogo di nascita	birthplace
la data di nascita	date of birth

i sessi
sexes

la donna	woman
la signora	lady
la ragazza	girl
l'uomo (pl gli uomini)	man
il signore	gentleman
il ragazzo	boy

maschile	masculine
femminile	feminine
maschio	male
femmina	female

lo stato civile — marital status

nascere	to be born
morire	to die
sposare	to marry
sposarsi (con)	to get married (to)
fidanzarsi (con)	to get engaged (to)
divorziare (da)	to get a divorce (from)
rompere il fidanzamento	to break off one's engagement
celibe	single (*man*)
nubile	single (*woman*)
sposato	married
fidanzato	engaged
divorziato	divorced
separato	separated
vedovo	widowed
il marito	husband
la moglie	wife
l'ex marito	ex-husband
la ex moglie	ex-wife
il fidanzato	fiancé
la fidanzata	fiancée
lo sposo	bridegroom
la sposa	bride
gli sposini	newly-weds
il vedovo	widower
la vedova	widow
l'orfano	orphan
il figlio adottivo	adopted child
la cerimonia	ceremony
la nascita	birth
il battesimo	christening
la vita	life

la morte	death
il funerale	funeral
il matrimonio	wedding
il fidanzamento	engagement
il divorzio	divorce

l'indirizzo — address

abitare, vivere	to live
prendere in affitto	to rent
dare in affitto	to let
dividere	to share

l'indirizzo	address
il domicilio	home address
il piano	floor, storey
il codice (di avviamento) postale (C.A.P.)	postcode

il numero	number
il numero di telefono	phone number
l'elenco del telefono	telephone directory
il proprietario	owner
il padrone di casa	landlord
l'inquilino	tenant
il vicino (di casa)	neighbour

in centro	in/to town
in periferia	in the suburbs
in campagna	in the country

la religione — religion

cattolico	Catholic
protestante	Protestant
anglicano	Anglican
mussulmano	Muslim
ebreo, ebraico	Jewish
buddista	Buddhist
ateo	atheist

come ti chiami/si chiama?
what is your name?

mi chiamo Paolo Rossi
my name is Paolo Rossi

come ti chiami di nome?
what is your first name?

si chiama Maria
her name is Maria

come si scrive?
how do you spell that?

dove abiti?
where do you live?

abito a Firenze/in Italia
I live in Florence/in Italy

è al terzo piano
it's on the third floor

abito in via Giotto (al) 27
I live at 27 via Giotto

abito qui da un anno/dal 1987
I've been living here for a year/since 1987

abito a casa di Marco
I'm living at Marco's

See also section **29 FAMILY AND FRIENDS**

9. L'ETÀ
AGE

giovane	young
vecchio	old
l'età (*f inv*)	age
l'infanzia	childhood
la gioventù	youth
l'adolescenza	adolescence
la vecchiaia	old age
la data di nascita	date of birth
il compleanno	birthday
un bambino/una bambina	child, baby
un/un'adolescente	teenager
un adulto	adult
i grandi	grown-ups
i piccini	little ones
una persona di mezza età	a middle-aged-person
un/una giovane	young person
i giovani	young people
una ragazza	girl, young woman
un ragazzo	boy, young man
una persona anziana	old person
una vecchia	old woman
un vecchio	old man
le persone anziane	old people
un pensionato/ una pensionata	pensioner
minorenne	minor
maggiorenne	of age

> **quanti anni hai?**
> how old are you?

> **ho vent'anni**
> I'm 20 (years old)

quando sei nato/a?
when were you born?

il primo marzo 1960
on the first of March 1960

in che anno sei nato/a?
what year were you born?

sono nato/a a Venezia nel 1968
I was born in Venice in 1968

un bambino/una bambina di un mese
a one-month old baby

un ragazzo/un bambino di otto anni
an eight-year old child

una ragazza di sedici anni, una sedicenne
a sixteen-year old girl

una donna sulla trentina
a woman of about thirty

un uomo di mezza età
a middle-aged man

una persona anziana
an elderly person

10. IL LAVORO E LE PROFESSIONI
WORK AND JOBS

Words marked with an asterisk * can be used to refer to both men and women without the grammatical gender changing

lavorare	to work
avere intenzione (di)	to intend (to)
diventare	to become
interessarsi (di)	to be interested (in)
studiare	to study
essere ambizioso	to be ambitious
avere esperienza	to have experience
non avere molta esperienza	to lack experience
essere disoccupato	to be unemployed
cercare lavoro	to look for work
fare una domanda d'impiego	to apply for a job
rifiutare	to reject (*offer*)
scartare	to reject (*applicant*)
accettare	to accept
assumere	to take on
trovare un lavoro/un impiego	to find a job
riuscire	to be successful
guadagnare	to earn
guadagnarsi la vita/da vivere	to earn a living
prendere	to get, to take
pagare	to pay
prendere le ferie	to take a holiday
prendere un giorno di ferie	to take a day off
licenziare	to lay off, to dismiss
licenziarsi, dare le dimissioni	to resign
andarsene	to leave
andare in pensione	to retire
essere in sciopero	to be on strike
scioperare	to go on strike, to strike
difficile	difficult
facile	easy

interessante	interesting
appassionante	exciting
noioso	boring
pericoloso	dangerous
importante	important
utile	useful

le professioni　　people at work

l'addetto ai traslochi	removal man
l'agente (*mf*) **di cambio**	stockbroker
l'agricoltore	farmer
l'annunciatore/annunciatrice	newsreader, announcer
l'architetto *	architect
l'arredatore/arredatrice	interior decorator
l'artigiano/l'artigiana	craftsman/woman
l'artista (*mf*)	artist
l'assistente di volo (*mf*)	steward/stewardess (*air*)
l'assistente sociale (*mf*)	social worker
l'astronauta (*mf*)	astronaut
l'astronomo/l'astronoma	astronomer
l'attore/l'attrice	actor/actress
l'autista (*mf*)	driver, bus driver
l'avvocato *	lawyer
la bambinaia	nanny
il bibliotecario/la bibliotecaria	librarian
il bidello/la bidella	janitor (school)
il bracciante	farm labourer
il calzolaio	shoemender
la cameriera	chambermaid, maid
il cameriere/la cameriera	waiter/waitress
il camionista	lorry driver
il/la cantante	singer
il capitano	captain
il capo *	boss
il capocuoco, lo chef (*inv*)	headcook, chef
il/la caposquadra	foreman
il carrozziere	panel beater
il cassiere/la cassiera	cashier

il/la centralinista	switchboard operator
il chirurgo *	surgeon
il comico	comedian
il/la commerciante	dealer
il commesso/la commessa	salesperson, shop asssistant
il consigliere/la consigliera	advisor
il controllore	ticket inspector
il/la cronista	reporter (*press*)
il cuoco/la cuoca	cook
il/la dentista	dentist
il direttore d'orchestra	conductor
il direttore didattico/ la direttrice didattica	head teacher (*primary school*)
il direttore/la direttrice	director, manager
il/la dirigente	executive
il disegnatore/la disegnatrice	graphic artist, interior decorator
il divo/la diva	star
il/la docente universitario/a	lecturer (*university*)
il doganiere/la doganiera	customs officer
il domestico/la domestica	servant
la donna d'affari	businesswoman
il dottore/la dottoressa	doctor
l'editore	publisher
l'elettricista	electrician
il facchino	porter
il falegname	carpenter
il/la farmacista	chemist
il fattorino	delivery man
il/la fiorista	florist
il fisico *	physicist
il fornaio/la fornaia	baker
il fotografo/la fotografa	photographer
il frate	monk
il funzionario statale	civil servant
il/la garagista	garage owner
il giardiniere	gardener
il gioielliere/la gioielliera	jeweller
il giornalaio/la giornalaia	newsagent
il/la giornalista	journalist
il giudice (*mf*)	judge

il/la grossista	merchant
la guida turistica *	tourist guide
l'idraulico	plumber
l'imbianchino	decorator, painter
l'impiegato/a di banca	bank clerk
l'impiegato/a	employee
l'imprenditore edile	builder
l'impresario teatrale	theatre manager
l'indossatore/indossatrice	model
l'industriale (*mf*)	industrialist
l'ingegnere *	engineer
l'interprete (*mf*)	interpreter
l'istruttore/l'istruttrice	instructor
il lattaio/la lattaia	milkman/woman
un lavoratore/una lavoratrice	worker
il libraio/la libraia	bookseller
il/la macchinista	engineer (*ship*), engine driver
il macellaio/la macellaia	butcher
il maestro/la maestra d'asilo	kindergarten teacher
il maestro/la maestra	primary school teacher
il manovale	labourer (*on roads*)
il marinaio	sailor
la maschera *	usherette, usher
il meccanico	garage mechanic
il medico *	doctor
il minatore	miner
il mobiliere	furniture dealer
il muratore	bricklayer
il/la negoziante	shopkeeper
l'infermiere/l'infermiera	nurse
il notaio/la notaia	notary
l'operaio/a specializzato/a	(semi-)skilled worker
l'orologiaio/a	watchmaker
l'ortolano/a	green grocer
l'ottico *	optician
il parrucchiere/la parruchiera	hairdresser
il pasticciere/la pasticciera	confectioner
il pastore (protestante)	minister

il pescatore	fisherman
il pescivendolo/la pescivendola	fishmonger
il/la pilota	pilot
il pittore/la pittrice	painter (*artist*)
il politico *	politician
il poliziotto/la poliziotta	policeman/woman
il pompiere	fireman
il portinaio/la portinaia	caretaker, porter
il postino/la postina	postman/postwoman
il presentatore/la presentatrice	announcer, presenter
il/la preside	head teacher (*secondary school*)
il prete	priest
il professore/la professoressa	secondary school teacher
il proprietario/la proprietaria	owner
lo/la psichiatra	psychiatrist
lo psicologo/la psicologa	psychologist
il/la radiocronista	radio reporter
il ragioniere/la ragioniera	accountant
il/lu rappresentante (di commercio)	sales representative
il/la receptionist (*inv*)	receptionist (*in hotel*)
il redattore/la redattrice	editor (*of text*)
il/la regista	film director
il sacerdote	priest
il sarto/la sarta	dressmaker, tailor
lo scienziato/la scienziata	scientist
lo scrittore/la scrittrice	writer
il segretario/la segretaria	secretary
il soldato	soldier
lo spazzino	dustman
la (steno)dattilografa/ lo (steno)dattilografo	(shorthand) typist
lo/la stilista	fashion designer
uno studente/una studentessa	student
la suora	nun

il/la supplente	temporary teacher
il/la tassista	taxi driver
il tecnico	technician
il/la telecronista	TV reporter
il traduttore/la traduttrice	translator
l'ufficiale dell'esercito	army officer
l'uomo/la donna d'affari	businessman/woman
l'uomo/la donna delle pulizie	cleaner
il veterinario *	veterinary surgeon
il vigile del fuoco	fireman
il/la vignettista	cartoonist

il mondo del lavoro the world of work

l'operaio/l'operaia	worker
i lavoratori	working people
un disoccupato/una disoccupata	unemployed person
un candidato/una candidata	job applicant, candidate
il datore di lavoro	employer
un/una dipendente	employee
un impiegato/un'impiegata	white collar worker
un/una collega	colleague
la direzione	management
il personale	staff, personnel
l'apprendista (mf)	apprentice
un/una tirocinante	trainee
uno/una scioperante	striker
un pensionato/una pensionata	retired person, pensioner
un/una sindacalista	trade unionist
il futuro	the future
la carriera	career
la professione	profession
il mestiere	occupation

gli affari business

il lavoro, l'impiego	job
un lavoro promettente	job with good prospects

un impiego temporaneo	temporary job
un lavoro part time (*inv*)	part-time job
un lavoro a tempo pieno	full-time job
i posti vacanti	openings
la situazione lavorativa	work situation
il posto	post
un corso di formazione professionale	training course
l'apprendistato	apprenticeship
il tirocinio	training (*in job*)
le qualifiche, i requisiti	qualifications, requirements
i titoli di studio	qualifications (*papers*)
il certificato	certificate
il diploma	diploma
la laurea	degree
l'assunzione (*f*)	employment
il settore	sector
la ricerca	research
l'informatica	computer science
gli affari	business
l'industria	industry
la società (*inv*)	company
l'ufficio	office
la fabbrica	factory
l'officina	workshop
il negozio	shop
il laboratorio	laboratory
il magazzino	warehouse, store
il lavoro	work
(il congedo per) maternità	maternity leave
(il congedo per) malattia	sick leave
le ferie	paid holiday
il contratto (di lavoro)	(work) contract
la domanda di impiego	job application
il modulo	form
l'inserzione (*f*)	ad(vertisement)
le offerte d'impiego	situations vacant

lo stipendio	salary, pay, wages
il colloquio	interview
il reddito	income
l'orario flessibile	flexitime
la settimana di 40 ore	forty hour week
le tasse	taxes
un aumento (di paga/ di stipendio)	(pay) rise
un viaggio d'affari	business trip
il licenziamento per eccesso di personale	redundancy
la pensione	pension
il sindacato	trade union
lo sciopero	strike

che lavoro fa?
what does he/she do (for a living)?

fa il medico
he's/she's a doctor

che cosa vorresti fare da grande?
what would you like to do when you grow up?

che progetti hai per il futuro?
what are your plans for the future?

vorrei fare l'artista
I'd like to be an artist

ho intenzione di studiare medicina
I am going to study medicine

per me quello che conta di più è lo stipendio
the most important thing for me is the pay

ho chiesto un permesso di due ore
I asked for two hours off

comportarsi	to behave
dominarsi	to control oneself
obbedire (a)	to obey
disobbedire (a)	to disobey
sgridare	to scold
prendersi una sgridata	to be told off
arrabbiarsi	to get angry
chiedere scusa, scusarsi	to apologize
punire	to punish
lasciare, permettere di	to allow, to let
proibire	to forbid
impedire	to prevent
perdonare	to forgive
ricompensare	to reward
osare	to dare
l'allegria	cheerfulness
l'arroganza	arrogance
la bravura	skilfulness
la buona condotta	good behaviour
il carattere	character
la cattiveria	nastiness, naughtiness
il comportamento	behaviour
la crudeltà	cruelty
la disobbedienza	disobedience
un dispetto	spite
l'educazione (*f*)	politeness
il fascino	charm
la follia	folly
la furbizia	craftiness
la gelosia	jealousy
la gentilezza	kindness
la gioia	delight, joy
l'imbarazzo	embarrassment

l'impazienza	impatience
l'insolenza	insolence
l'intelligenza	intelligence
l'intolleranza	intolerance
l'invidia	envy
l'istinto	instinct
la luna	mood
la maleducazione	rudeness
la malizia	mischief, malice
l'obbedienza	obedience
l'onestà	honesty
l'orgoglio	pride
la pazienza	patience
la pazzia	madness
la pigrizia	laziness
la prudenza	caution
la punizione	punishment
la ramanzina	telling-off
il rancore	resentment
la ricompensa	reward
uno scherzo	trick
la scusa	apology, excuse
il senso dell'umorismo	humour
la timidezza	shyness, timidity
la tristezza	sadness
l'umanità	humanity
l'umore (m)	mood
la vanità	vanity
la vergogna	embarrassment
la volgarità	coarseness
abile	skilful
accorto	shrewd
allegro	cheerful, joyful
antipatico	unpleasant, disagreeable
arrabbiato	angry
arrogante	arrogant
astuto	astute, wily
attento	careful
attivo	active

beneducato	polite
bravo	good
buffo	funny
buono	good
calmo	calm
carino	nice, pleasant
cattivo	bad, nasty, naughty
chiacchierone	talkative
comprensivo	understanding
contento	happy
coraggioso	brave
cordiale	friendly
cortese	polite
crudele	cruel
curioso	curious
delizioso	charming
di buon senso	sensible
discreto	discreet
(dis)obbediente	(dis)obedient
(dis)ordinato	(un)tidy
dispiaciuto	sorry
distratto	absent-minded
divertente	amusing
educato	polite
falso	false
fantastico	terrific
felice	happy
geloso	jealous (*of a person*)
gentile	kind
imbarazzato	embarrassed
impaziente	impatient
impulsivo	impulsive
indifferente	indifferent
infelice	unhappy
ingenuo	naïve
insolente	insolent
insopportabile	unbearable
intelligente	intelligent
intollerante	intolerant
invidioso	envious

istintivo	instinctive
maldestro	clumsy
maleducato	rude
malizioso	mischievous
modesto	modest
naturale	natural
noioso	boring
obbediente	obedient
onesto	honest
operoso	hard-working
orgoglioso	proud
ottimista	optimistic
paziente	patient
pazzo	mad
permaloso	touchy
pessimista	pessimistic
pieno di sé	boastful
pigro	lazy
povero	poor
prudente	cautious
ragionevole	reasonable
rispettabile	decent, respectable
rispettoso	respectful
sciocco	silly
scontento	unhappy
sensibile	sensitive
serio	serious
sfacciato	cheeky
simpatico	pleasant, nice
sorprendente	surprising
spiritoso	witty
strano	strange
straordinario	terrific
stupido	stupid
superbo	proud
sventato	scatterbrained
testardo	stubborn
timido	shy
tollerante	tolerant
tranquillo	quiet

triste   sad
vanitoso   vain
villano   rude
volgare   coarse

la trovo molto simpatica
I think she's very nice

è di ottimo/pessimo umore
he's/she's in a (very) good/bad mood

ha un buon/cattivo carattere
he/she is good/ill-natured

mi ha fatto la gentilezza di prestarmi la macchina
he/she was kind enough to lend me his/her car

scusi se la disturbo
I'm sorry to disturb you

mi dispiace (tanto) davvero
I'm (really) sorry

mi scuso moltissimo
I do apologize

ha chiesto scusa all'insegnante per essere stato insolente
he/she apologized to the teacher for being cheeky

ha accettato le mie scuse
he/she accepted my apologies

12. LE EMOZIONI
EMOTIONS

la collera   anger

arrabbiarsi con qualcuno	to become angry with someone
perdere la pazienza	to lose one's temper
essere arrabbiato	to be angry
essere su tutte le furie	to be fuming
indignarsi per qualcosa	to become indignant at something
agitarsi	to get excited, to get worked up
gridare	to shout
colpire	to hit
dare uno schiaffo a	to slap (*on the face*)
la collera	anger
l'indignazione (*f*)	indignation
la tensione	tension
lo stress (*inv*)	stress
un grido	cry, shout
contrariato	annoyed, upset
arrabbiato	angry
furioso	furious
imbronciato	sulky
seccato	upset
seccante	annoying
noioso	boring

la tristezza   sadness

piangere	to weep, to cry
scoppiare in lacrime	to burst into tears
singhiozzare	to sob
sospirare	to sigh
addolorarsi (per)	to be distressed (by)
scioccare	to shock
sgomentare	to dismay

deludere	to disappoint
sconcertare	to disconcert
deprimere	to depress
commuovere	to move, to touch
colpire	to affect
turbare	to disturb, trouble
aver pietà (di)	to take pity (on)
confortare	to comfort
consolare	to console
un dispiacere	grief
un dolore	sorrow
la tristezza	sadness
una delusione	disappointment
la disperazione	despair
la depressione	depression
la nostalgia	homesickness, nostalgia
la malinconia	melancholy
la sofferenza	suffering
la lacrima	tear
il singhiozzo	sob
il sospiro	sigh
il fallimento	failure
la sfortuna	bad luck
la disgrazia	misfortune
triste	sad
a pezzi, distrutto	shattered
deluso	disappointed
depresso	depressed
desolato	distressed
commosso	moved, touched
cupo	gloomy
affranto	heartbroken

paure e preoccupazioni

fears and worries

aver paura (di)	to be frightened (of)
temere	to fear
spaventare	to frighten
preoccuparsi (di)	to worry (about)
tremare	to tremble
avere il terrore (di)	to dread

il terrore	terror, dread
lo spavento	fright
un brivido	shiver
uno shock (*inv*)	shock

un guaio	trouble
le ansie	anxieties
un problema	problem

pauroso	fearful
spaventato	afraid
spaventoso	frightening
morto di paura	petrified
preoccupato	worried
nervoso	nervous, tense
ansioso, apprensivo	anxious

la gioia e la felicità joy and happiness

divertirsi	to enjoy oneself
essere contentissimo (di)	to be delighted (about)
ridere (di/per)	to laugh (at)
scoppiare a ridere	to burst out laughing
ridere a crepapelle	to split one's sides with laughter
avere la ridarella	to have the giggles
sorridere	to smile
abbracciare	to hug
baciare	to kiss

l'allegria	cheerfulness
la felicità	happiness

la gioia	joy
la soddisfazione	satisfaction
la risata	laugh, laughter
uno scoppio di risa	burst of laughter
il sorriso	smile
un abbraccio	hug
un bacio	kiss
l'amore (*m*)	love
un amore a prima vista	love at first sight
la simpatia	liking
la fortuna	luck
il successo	success
la sorpresa	surprise
il piacere	pleasure
affezionato	affectionate
contento	pleased
felice	happy
innamorato	in love

gli ha fatto paura
he/she frightened him

ha paura dei cani
he's/she's frightened of dogs

sente molto la mancanza di suo fratello
he/she misses his/her brother

non ho affatto nostalgia di casa
I'm not homesick at all

non stava più nella pelle dalla gioia
he/she was beside himself/herself with delight

beata lei!
lucky her!

è innamorato di Susanna
he's in love with Susanna

13. I CINQUE SENSI
THE FIVE SENSES

la vista   sight

vedere	to see
guardare	to look at, watch
osservare	to observe
esaminare	to examine, to study closely
scrutare	to scan
rivedere	to see again
intravedere	to catch a glimpse of
dare un'occhiata (a)	to glance at, to have a look at, to keep an eye on
fissare	to stare at
sbirciare	to peek at
accendere	to switch on (the light)
spegnere	to switch off (the light)
abbagliare	to dazzle
accecare	to blind
apparire	to appear
sparire	to disappear
riapparire	to reappear
guardare la televisione	to watch TV
la vista	sight, view
lo spettacolo	sight (*seen*), show
la visione	vision
la veduta	view
il colore	colour
la luce	light
l'ombra	shade
la luminosità (*inv*)	brightness
l'oscurità (*inv*)	darkness
l'occhio	eye
gli occhiali	glasses
gli occhiali da sole	sun glasses

le lenti a contatto	contact lenses
la lente d'ingrandimento	magnifying glass
il binocolo	binoculars
il microscopio	microscope
il telescopio	telescope
il braille	Braille
luminoso	bright (*room*)
chiaro	light
abbagliante	dazzling
scuro	dark

l'udito   hearing

sentire	to hear
ascoltare	to listen to
bisbigliare	to whisper
cantare	to sing
canticchiare a bocca chiusa	to hum
fischiare	to whistle
ronzare	to buzz
frusciare	to rustle
scricchiolare	to creak
suonare	to ring
tuonare	to thunder
assordare	to deafen
tacere, stare zitto	to be silent, keep one's mouth shut
drizzare le orecchie	to prick up one's ears
sbattere la porta	to slam the door
superare la barriera del suono	to break the sound barrier
l'udito	hearing
un rumore	noise
un verso	noise (*of animals*)
un suono	sound
il baccano, il fracasso	racket, din
l'eco (*mf*)	echo
un bisbiglio	whisper

la voce	voice
una canzone	song
il canto	singing
il ronzio	buzzing
lo sfrigolio	crackling
l'esplosione (*f*)	explosion
lo scricchiolio	creaking
una scampanellata	ringing (*of door bell*)
uno squillo	ringing (*of telephone*)/blast of trumpet
un fruscio	rustling
un tonfo	thump, thud, plop
un tuono	thunder
l'orecchio (*pl* le orecchie, gli orecchi)	ear
l'altoparlante (*m*)	loudspeaker
l'impianto di amplificazione	public address system
il citofono	intercom
la cuffia	earphones, headset
il walkman (*R*) (*inv*)	personal stereo
la radio (*inv*)	radio
l'alfabeto Morse	Morse code
i tappi per le orecchie	earplugs
l'apparecchio acustico	hearing aid
rumoroso	noisy
silenzioso	silent
forte	loud
acuto	shrill
debole	faint
assordante	deafening
sordo	deaf
duro d'orecchio	hard of hearing

il tatto   touch

toccare	to touch
tastare	to feel
(ac)carezzare	to stroke

fare il solletico	to tickle
strofinare	to rub
colpire	to knock, to hit
grattare	to scratch
il tatto	touch
la carezza	stroke
il colpo	blow
la stretta di mano	handshake
i polpastrelli	fingertips
liscio	smooth
ruvido	rough
morbido	soft
duro	hard
freddo	cold
caldo	warm, hot

il gusto   taste

assaggiare	to taste (*sample*)
bere	to drink
mangiare	to eat
leccare	to lick
sorseggiare	to sip
trangugiare	to gobble up
gustare	to savour
inghiottire	to swallow
deglutire	to swallow
masticare	to chew
salare	to salt
zuccherare	to sweeten
speziare	to add spices
il gusto	taste
la bocca	mouth
la lingua	tongue
la saliva	saliva
le papille gustative	taste buds
l'appetito	appetite

appetitoso	appetizing
squisito	delicious
disgustoso	horrible
dolce	sweet
salato	salted/salty
aspro	tart
acido	sour
amaro	bitter
piccante	spicy, hot
forte	strong
insipido	tasteless

l'olfatto — smell

sentire odore di	to smell
sapere di	to smell of
annusare, fiutare	to sniff
puzzare	to stink
profumare	to perfume
avere un buon/cattivo odore	to smell nice/awful

l'olfatto, l'odorato	(sense of) smell
l'odore (*m*)	smell
il profumo	scent, perfume
l'aroma (*m*)	aroma
la fragranza	fragrance
il puzzo	stench
il fumo	smoke
il naso	nose
le narici	nostrils

profumato	scented, fragrant
puzzolente	stinking
fumoso	smoky
inodore	odourless

la cantina è buia
it's dark in the cellar

ho sentito il bambino cantare
I heard the child singing

è morbido al tatto
it feels soft

mi fa venire l'acquolina in bocca
it makes my mouth water

questo caffè sa di sapone
this coffee tastes of soap

questo cioccolato ha un sapore strano
this chocolate tastes funny

hai sentito odor di gas?
did you smell gas?

questa minestra non sa di niente
this soup does not taste of anything

c'è puzzo/odore di fumo in questa stanza
this room smells of smoke

c'è odor di chiuso qui/qui non si respira
it's stuffy in here

See also sections **4 THE BODY, 6 HEALTH, 16 FOOD** and **62 COLOURS**

14. LE PREFERENZE E I GUSTI
LIKES AND DISLIKES

piacere	to like
amare	to love (*a person*)
adorare	to adore
voler (molto) bene a	to be fond of (*a person*)
essere entusiasta di	to be keen on
apprezzare	to appreciate
essere grato (per)	to be grateful (for)
aver voglia di	to feel like
detestare	to detest, to dislike
odiare	to hate
disprezzare	to despise
preferire	to prefer
scegliere	to choose
esitare	to hesitate
decidere	to decide
paragonare	to compare
aver bisogno di	to need
volere	to want
augurare	to wish
desiderare	to wish for
sperare di	to hope
l'amore (*m*)	love
la simpatia	liking (*for person*)
la predilezione	liking (*for thing*)
il ribrezzo, il disgusto	loathing
l'odio	hate
il disprezzo	contempt
la scelta	choice
il paragone, il confronto	comparison
la preferenza	preference
il contrario	contrary
l'opposto	opposite

il contrasto	contrast
la differenza	difference
la somiglianza	similarity
il bisogno, la necessità	need
il desiderio	wish
l'intenzione (*f*)	intention
paragonabile (a)	comparable (to)
diverso (da)	different (from)
uguale (a)	equal (to), alike
identico (a)	identical (to)
lo stesso (che)	the same (as)
simile (a)	similar (to)
in confronto a	in comparison with
rispetto a	in relation to
(di) più	more
(di) meno	less
tanto, molto	a lot
immensamente	enormously
un bel po' (di)	a great deal (of)
molto (di) più/meno	a lot more/less
un bel po' di più/meno	quite a lot more/less

questo libro mi piace
I like this book

mi piace molto recitare
I quite like doing drama

il rosso è il mio colore preferito
red is my favourite colour

il caffè mi piace più del tè
I prefer coffee to tea

preferisco stare a casa
I'd rather stay at home, I prefer staying at home

sono contento/a di vederti
I'm pleased to see you

stasera ho voglia di uscire
I feel like going out tonight

vorrebbero andare al cinema
they'd like to go to the pictures

15. LA VITA QUOTIDIANA E IL SONNO
DAILY ROUTINE AND SLEEP

svegliarsi	to wake up
alzarsi	to get up
stirarsi	to stretch
sbadigliare	to yawn
essere mezzo addormentato	to be half asleep
fare una bella dormita	to have a good sleep
svegliarsi troppo tardi	to oversleep
aprire le tende/le persiane	to open the curtains/shutters
tirar su la tapparella	to pull up the blind
spalancare la finestra	to open the window wide
accendere la luce	to switch the light on
andare in bagno	to go to the bathroom
lavarsi	to wash, to have a wash
lavasi il viso	to wash one's face
lavarsi le mani	to wash one's hands
lavarsi i denti	to brush one's teeth
lavarsi i capelli/la testa	to wash one's hair
fare la doccia	to have a shower
fare il bagno	to have a bath
insaponarsi	to soap oneself down
sciacquarsi	to rinse oneself
asciugarsi	to dry oneself
asciugarsi le mani	to dry one's hands
radersi	to shave
andare al gabinetto/al bagno	to go to the toilet
vestirsi	to get dressed
pettinarsi	to do /comb one's hair
spazzolarsi i capelli	to brush one's hair
truccarsi	to put on one's make-up
mettersi le lenti a contatto	to put in one's contact lenses
mettersi la dentiera	to put in one's false teeth
(ri)fare il letto	to make the bed

accendere la radio/la televisione	to switch the radio/television on
spegnere la radio/la televisione	to switch the radio/television off
fare colazione	to have breakfast
dar da mangiare al gatto/cane	to feed the cat/dog
annaffiare le piante	to water the plants
prepararsi	to get ready
uscir di casa	to leave the house
andare a scuola	to go to school
andare in ufficio	to go to the office
andare a lavorare/al lavoro	to go to work
prendere l'autobus	to take the bus
(ri)tornare a casa	to come/go home
tornare (a casa) da scuola	to come back from school
tornare (a casa) dal lavoro	to come back from work
fare i compiti	to do one's homework
riposarsi	to have a rest
fare un pisolino/un sonnellino	to have a nap
fare la siesta	to have a nap (*in the afternoon*)
bere una tazza di tè	to have a cup of tea
far merenda	to have an afternoon snack
guardare la televisione	to watch television
leggere	to read
giocare	to play
cenare	to have dinner
chiudere la porta a chiave	to lock the door
spogliarsi, svestirsi	to undress
tirare le tende	to draw the curtains
chiudere le imposte	to pull down the blinds
andare a letto	to go to bed
rimboccare le coperte	to tuck in
mettere la sveglia	to set the alarm (clock)
spegnere la luce	to switch the light off
addormentarsi	to fall asleep
dormire	to sleep

sonnecchiare	to doze
sognare	to dream
dormire male	to sleep badly
avere l'insonnia	to suffer from insomnia
passare una notte in bianco	to have a sleepless night

la pulizia personale washing

il sapone	soap
l'asciugamano	towel
il telo da bagno	bath towel
l'asciugamano piccolo	hand towel
il guanto di spugna	flannel
la spugna	sponge
lo spazzolino (per le unghie)	(nail) brush
la spazzola	brush
il pettine	comb
lo spazzolino (da denti)	toothbrush
il dentifricio	toothpaste
lo sciampo (*inv*)	shampoo
Il bagnoschiuma (*inv*)	bubble bath
i sali da bagno	bath salts
il deodorante	deodorant
la carta igienica	toilet paper
l'asciugacapelli (*m inv*)	hair dryer
la bilancia	scales

il letto   bed

il cuscino	pillow
il lenzuolo (*pl* le lenzuola)	sheet
la federa	pillowcase
la coperta	blanket
una coperta in più	extra blanket
il piumino, il piumone	duvet
il materasso	mattress
il copriletto	bedspread
la coperta elettrica	electric blanket
la borsa dell'acqua calda	hot-water bottle

di solito	usually
la/alla mattina, il/al mattino	in the morning
la/alla sera	in the evening
ogni mattina	every morning
poi	then

metto la sveglia alle sette
I set my alarm (clock) for seven

sono mattiniero/a
I am an early riser

vado sempre a letto presto/tardi
I go to bed early/late

ho dormito come un ghiro
I slept like a log

See also sections **16 FOOD, 17 HOUSEWORK, 23 MY ROOM** and **54 DREAMS**

16. IL CIBO
FOOD

mangiare	to eat
bere	to drink
assaggiare	to taste
fare colazione	to have/eat breakfast
pranzare	to have lunch
cenare	to have tea

i pasti — meals

la (prima) colazione	breakfast
la cena	dinner, supper
il pranzo	lunch
il tè (*inv*)	tea
la merenda	morning/afternoon snack
il picnic (*inv*)	picnic
uno spuntino	snack

le portate — courses

uno stuzzichino	appetizer
l'antipasto	hors d'oeuvre, starter
il primo	first course
il secondo	main course
il contorno	vegetables
il dolce	sweet
la frutta	fruit
il formaggio	cheese

le bevande — drinks

l'acqua	water
l'acqua minerale (gassata)	(fizzy) mineral water
il latte (parzialmente scremato)	(semi-skimmed) milk
il tè (*inv*)	tea

un tè al limone	lemon tea
un tè al latte	tea with milk
il caffè (*inv*) **(nero/solubile)**	(black/instant) coffee
il caffellatte (*inv*)	white coffee
il cappuccino	cappuccino
una tisana	herbal tea
una camomilla	camomile tea
una cioccolata (calda)	(hot) chocolate
una bibita	soft drink
un'aranciata	orangeade
un succo d'arancio	orange juice
una spremuta d'arancio	fresh orange juice
un succo di mela	apple juice
una coca-cola (*R*) (*inv*)	coke (*R*)
una limonata	lemonade
una bevanda alcolica	alcoholic drink
un'acqua tonica	tonic water
il sidro	cider
la birra	beer
la birra scura	stout
la birra chiara	lager
il whisky (*inv*) **(di malto)**	(malt) whisky
il vino rosso/bianco/rosé	red/white/rosé wine
lo champagne (*inv*)	champagne
l'aperitivo	aperitif
i liquori	liqueurs
il brandy (*inv*)	brandy

i condimenti e le spezie

seasonings and spices

il sale	salt
il pepe	pepper
lo zucchero	sugar
la senape	mustard
l'aceto	vinegar
l'olio	oil
l'aglio	garlic
la cipolla	onion

le spezie	spices
le erbe aromatiche	herbs
il prezzemolo	parsley
il timo	thyme
il basilico	basil
l'origano	oregano
la menta	mint
il rosmarino	rosemary
la salvia	sage
la cannella	cinnamon
una foglia di alloro	bay leaf
la noce moscata	nutmeg
un chiodo di garofano	clove
il peperoncino	chile peppers
lo zafferano	saffron
la salsa	sauce
la maionese	mayonnaise

la colazione   breakfast

il pane	bread
il pane integrale	wholemeal bread
una baguette (*inv*), **un filoncino**	French loaf
un panino	bread roll, sandwich
pane e burro	bread and butter
una fetta di pane e marmellata	slice of bread and jam
(una fetta di) pane tostato	(a slice of) toast
un croissant (*inv*), **una brioche** (*inv*)	croissant
il burro	butter
la margarina	margarine
la marmellata	jam, marmalade
il miele	honey
i fiocchi di granoturco	cornflakes
i biscotti	biscuits
lo yogurt (*inv*)	yoghurt

la frutta

fruit

un frutto	piece of fruit
la mela	apple
la pera	pear
l'albicocca	apricot
la pesca	peach
la prugna	plum
la nocepesca	nectarine
il melone	melon
l'anguria	watermelon
l'ananas (*m inv*)	pineapple
la banana	banana
l'arancio, l'arancia	orange
il pompelmo	grapefruit
il mandarino	tangerine
il limone	lemon
la fragola	strawberry
il lampone	raspberry
la mora	blackberry
il ribes (*inv*)	redcurrant, blackcurrant
la ciliegia	cherry
un grappolo d'uva	bunch of grapes

la verdura

vegetables

una verdura	vegetable
i piselli	peas
i fagiolini	green beans
i porri	leeks
una patata	potato
il purè (*inv*) di patate	mashed potatoes
le patate al cartoccio	jacket potatoes
le patate arrosto/lesse	roast/boiled potatoes
le patatine	chips, crisps
una carota	carrot
un cavolo	cabbage
un cavolfiore	cauliflower
i cavoletti di Bruxelles	Brussels sprouts
un finocchio	fennel

la lattuga	lettuce
gli spinaci	spinach
i funghi	mushrooms
i carciofi	artichokes
gli asparagi	asparagus
un peperone (verde)	(green) pepper
una melanzana	aubergine
i broccoli	broccoli
gli zucchini	courgettes
il granoturco	corn
i rapanelli	radishes
un pomodoro	tomato
un cetriolo	cucumber
un avocado (*inv*)	avocado
i fagioli	beans
le lenticchie	lentils
i ceci	chick peas
l'insalata	salad
il riso	rice

la carne   meat

il maiale	pork
il vitello	veal
il manzo	beef
l'agnello	lamb
il montone	mutton
il pollo	chicken
il tacchino	turkey
l'oca	goose
l'anitra	duck
il pollame	poultry

la bistecca	steak
la scaloppina	escalope
l'arrosto	joint
il rosbif (*inv*)	roast beef
il cosciotto d'agnello	leg of lamb
lo stufato	stew
il lesso, il bollito	boiled beef

la carne macinata	mince
l'hamburger (*m inv*)	hamburger
il rognone	kidney
il fegato	liver
il prosciutto cotto	ham
il paté (*inv*) di fegato	liver pâté
il sanguinaccio	black pudding
la salsiccia	sausage
il salame	salami
il bacon (*inv*)	bacon

il pesce   fish

il merluzzo	cod
l'aringa	herring
le sardine	sardines
la sogliola	sole
il tonno	tuna fish
la trota	trout
il salmone (affumicato)	(smoked) salmon
i frutti di mare	seafood
l'aragosta	lobster
le ostriche	oysters
i gamberetti	prawns
le cozze	mussels
le vongole	clams
i calamari	squid
il polpo	octopus

le uova   eggs

l'uovo (*pl* le uova)	egg
un uovo sodo/fritto	boiled/fried egg
le uova in camicia	poached eggs
le uova al prosciutto	ham and eggs
le uova strapazzate	scrambled eggs
la frittata	omelette

la pasta   pasta

la pasta(sciutta)	pasta
le tagliatelle	tagliatelle
gli spaghetti	spaghetti
i maccheroni	macaroni
i ravioli	ravioli
le lasagne	lasagna

i piatti caldi   hot dishes

la minestra	soup
la pastina in brodo	noodle soup
un arrosto d'agnello	roast lamb
le polpette	meatballs
il maiale/pollo arrosto	roast pork/chicken
una scaloppina al vino bianco	escalope cooked in white wine

cotto	cooked
stracotto	overdone
ben cotto	well done
al sangue	rare
impanato	covered in breadcrumbs
farcito	stuffed
fritto	fried
bollito	boiled
arrosto	roast

i dolci   desserts

la torta di mele	apple tart
la panna (montata)	(whipped) cream
la macedonia di frutta	fruit salad
la zuppa inglese	trifle
il gelato (alla vaniglia)	(vanilla) ice-cream
lo yoghurt (*inv*)	yoghurt
la mousse (*inv*) **al cioccolato**	chocolate mousse

le golosità   sweet things

il cioccolato al latte/	milk/plain chocolate

fondente
una tavoletta di cioccolata	chocolate bar
i biscotti	biscuits
la torta	cake
i pasticcini, le paste	pastries
i cioccolatini	chocolates
il ghiacciolo	ice lolly
le caramelle	sweets
le mentine	mints
la gomma da masticare	chewing gum
il lecca-lecca (*inv*)	lollypop

i sapori   tastes

dolce	sweet
saporito	savoury, tasty
salato	savoury (*not sweet*), salty
amaro	bitter
acido	sour
speziato	spicy
forte	strong
piccante	hot
insipido	tasteless

il tabacco   tobacco

fumare	to smoke
accendere	to light
spegnere	to put out, to stub out
una sigaretta	cigarette
un sigaro	cigar
una sigaretta senza filtro	non-filter cigarette
un mozzicone	stub
una pipa	pipe
un fiammifero	match
un accendino	lighter
un pacchetto di sigarette	packet of cigarettes
un pacchetto di tabacco	packet of tobacco

il tabacco da pipa	pipe tobacco
una scatola di fiammiferi	box of matches
la cenere	ash
un portacenere	ashtray
il fumo	smoke

ha da accendere, per favore?
have you got a light, please?

buon appetito! - grazie, altrettanto
enjoy your meal! - and the same to you

See also sections **5 HOW ARE YOU FEELING?**, **17 HOUSEWORK**, **60 QUANTITIES** and **61 DESCRIBING THINGS**

17. LE FACCENDE DOMESTICHE
HOUSEWORK

fare i lavori di casa	to do the housework
cucinare	to cook
preparare il pranzo/la cena	to prepare lunch/dinner
lavare i piatti	to do the washing-up
fare il bucato	to do the washing
pulire	to clean
lucidare	to polish
spazzare	to sweep
spolverare	to dust
passare l'aspirapolvere	to vacuum
vuotare la pattumiera	to empty the bin
lavare	to wash
sciacquare	to rinse
asciugare	to dry, to wipe (*dishes*)
dare una passata/pulita (a)	to wipe
mettere in ordine	to tidy up, to put away
fare i letti	to make the beds
preparare	to prepare
tagliare	to cut
affettare	to slice
grattugiare	to grate
sbucciare	to peel
bollire	to boil, to be boiling
friggere	to fry
arrostire	to roast
tostare	to toast
apparecchiare la tavola	to set the table
sparecchiare la tavola	to clear the table
stirare	to iron
rammendare	to darn
aggiustare, riparare	to mend, to repair
aiutare	to help
dare una mano	to give a hand

le persone che lavorano in casa

people who work in the house

la casalinga	housewife
la donna delle pulizie	cleaner
la collaboratrice domestica	home help
la cameriera	maid
la ragazza alla pari	au pair girl
la baby-sitter (*inv*)	baby sitter

gli elettrodomestici electric appliances

l'aspirapolvere (*m inv*)	vacuum cleaner
la lucidatrice	floor polisher
la lavatrice	washing machine
la centrifuga	spin-dryer
l'asciugatrice (*f*)	tumble dryer
il ferro da stiro	iron
la macchina da cucire	sewing machine
il frullatore	mixer
il robot (*inv*) da cucina	food processor
il macinacaffè (*inv*)	coffee grinder
il forno a microonde	microwave (oven)
il frigorifero	refrigerator, fridge
il congelatore	freezer
la lavastoviglie (*inv*)	dishwasher
la cucina, il fornello	cooker
il forno	oven
il gas (*inv*)	gas
l'elettricità	electricity
il tostapane (*inv*)	toaster
il bollitore elettrico	electric kettle
la macchina del caffè	coffee-maker (*electric*)

gli utensili di cucina household items

l'asse (*m*) da stiro	ironing board
la scopa	broom

la paletta	dustpan
la spazzola	brush
lo straccio	rag, cloth, duster
il panno	duster
lo strofinaccio da cucina	dish towel
lo scolapiatti (*inv*)	dish drainer
il guanto da forno	oven glove
lo stendibiancheria (*inv*)	clothes horse
la molletta	clothes peg
il detersivo (per i piatti)	washing-up liquid
il detersivo (per il bucato)	washing powder
il secchio	bucket
il catino	basin
una pentola	pot
un pentolino	small saucepan
una padella	frying pan
un tegame	pan
una teglia	casserole dish
la pentola a pressione	pressure cooker
la friggitrice	chip pan
il coperchio	lid
lo scolapasta (*inv*)	colander
il matterello	rolling pin
il tagliere	chopping board
l'apriscatole (*m inv*)	tin opener
l'apribottiglie (*m inv*)	bottle opener
il cavatappi (*inv*)	corkscrew
la frusta	whisk
l'imbuto	funnel

le posate   cutlery

una posata	a piece of cutlery
il cucchiaio	spoon
il cucchiaino	teaspoon
la forchetta	fork
il coltello	knife
il coltello da cucina/da pane	kitchen/bread knife

lo sbucciapatate (*inv*)	potato peeler
il mestolo	ladle

le stoviglie

crockery

una stoviglia	a piece of crockery
un piatto	dish
il sottopiatto	place mat
il piatto piano	plate
il piatto fondo	soup plate
il piattino	saucer
il piatto di portata	serving dish
la tazza da caffè/da tè	coffee/tea cup
la tazzina da caffè	espresso coffee cup
il bicchiere	glass
la bottiglia	bottle
la zuppiera	soup tureen
l'oliera	oil and vinegar cruet
la zuccheriera	sugar bowl
la teiera	teapot
la caraffa	carafe, decanter
la caffettiera	coffeepot, coffee maker
la lattiera	milk jug
il portauovo	egg cup
il vassoio	tray

mio padre lava sempre i piatti
my father always does the dishes

i miei genitori si dividono i lavori domestici
my parents share the housework

See also sections **16 FOOD** and **24 THE HOUSE**

18. LE COMPERE
SHOPPING

comprare	to buy
costare	to cost
spendere	to spend
cambiare	to exchange
pagare	to pay
dare il resto	to give change
vendere	to sell
svendere	to sell at a reduced price
fare lo sconto	to give a discount
andare a fare (le) compere	to go shopping
fare (lo) shopping	to go shopping (*not used for food*)
fare la spesa	to do the shopping (*used only for food*)

a buon mercato/prezzo	cheap
caro, costoso	expensive
gratuito, gratis	free
un'occasione	bargain
a prezzo ribassato	at a reduced price
in offerta speciale	on special offer
di seconda mano	second-hand
il/la cliente	customer
il commesso/la commessa	shop assistant

i negozi — shops

l'agenzia di viaggi	travel agent's
la bottega	shop
la bottiglieria	off-licence
la calzoleria	shoe shop, shoe repairs
la cartoleria	stationer's
il centro commerciale	shopping centre
l'edicola	newsstand
la farmacia	chemist's
la ferramenta	ironmonger's, hardware shop
la gelateria	ice cream shop

la gioielleria	jeweller's
i grandi magazzini	department store
l'istituto di bellezza	beauty salon
la latteria	dairy
la lavanderia (automatica)	laundry, launderette
la libreria	bookshop
la macelleria	butcher's
il mercato (coperto)	(indoor) market
la merceria	haberdasher's
il negozio del fiorista	florist's
il negozio di apparecchi fotografici	photographer's
il negozio di articoli sportivi	sports shop
il negozio di dischi	record shop
il negozio di frutta e verdura	greengrocer's
il negozio di generi alimentari	grocer's
il negozio di souvenir	souvenir shop
il negozio	shop
la panetteria	baker's
la pasticceria	cake shop
la pelletteria	leather goods shop
la pescheria	fishmonger's
la salumeria	delicatessen
il supermercato	supermarket
la tabaccheria	tobacconist and newsagent's
la tintoria	dry cleaner's
la borsa	bag
il sacchetto di plastica	plastic bag
la borsa della spesa	shopping bag
il cesto	shopping basket
il carrello	(supermarket) trolley
le istruzioni per l'uso	instructions for use
il prezzo	price
la cassa	till
la moneta, gli spiccioli	change (*coins*)
il resto	change (*money returned*)
l'assegno	cheque
la carta di credito	credit card

lo scontrino	receipt
i saldi	sales
il banco	counter
il reparto	department
la cabina di prova	fitting room
la scala mobile	escalator
il primo piano	first floor
l'ascensore (*m*)	lift
la vetrina	shop window
la taglia	size

vado dal parrucchiere
I'm going to the hairdresser's

desidera?
can I help you?

vorrei un chilo di mele (per favore)
I would like two pounds of apples (please)

avete banane?
have you got any bananas?

desidera altro?/basta così?
anything else?

(no) grazie, è tutto/basta così
that's all, thank you

quant'è?
how much is this?

sono 2.000 lire (in tutto)
that comes to 2000 lire (altogether)

posso pagare con un assegno?
can I pay by cheque?

accettate carte di credito?
do you take credit cards?

si accomodi alla cassa, prego
please pay the cashier

devo farle un pacco regalo?
do you want it giftwrapped?

scusi, dov'è il reparto calzature?
excuse me, where is the shoe department?

desidero essere rimborsato/a
I'd like a refund

mi piace guardare le vetrine
I like window-shopping

See also sections **2 CLOTHES, 10 JOBS AND WORK** and **31 MONEY**

19. LO SPORT
SPORT

allenarsi	to train
tuffarsi	to dive
saltare	to jump
giocare	to play
correre	to run
lanciare	to throw
sparare	to shoot
sciare	to ski
pattinare	to skate
nuotare	to swim
galoppare	to gallop
trottare	to trot
andare a cavallo	to go horse riding
giocare a calcio/a pallavolo	to play football/volleyball
andare a caccia	to go hunting
andare a pesca	to go fishing
andare a sciare	to go skiing
segnare, fare un gol	to score a goal
essere in testa	to be in the lead
battere il primato	to beat a record
servire	to serve
vincere	to win
perdere	to lose
battere	to beat
un/una professionista	professional
un/una dilettante	amateur
un tifoso/una tifosa	fan

i vari sport

types of sport

l'aerobica	aerobics
l'alpinismo	mountaineering
l'atletica	athletics
il badminton	badminton
la caccia	hunting

il calcio	football, soccer
la canoa	canoeing
il canottaggio	rowing
il ciclismo	cycling
la corsa	running
il cricket	cricket
il culturismo	body building
il delfino	butterfly-stroke
il deltaplano	hang-gliding
il dorso	backstroke
l'equitazione (*f*)	horse riding
il football americano	American football
il footing	jogging
la ginnastica	gymnastics, physical training
il golf	golf
l'hockey (*m*) **su ghiaccio**	ice hockey
l'hockey (*m*) **su prato**	hockey
il jogging	jogging
il judo	judo
il karatè	karate
la lotta	wrestling
il nuoto	swimming
la pallacanestro, il basket	basketball
la pallamano	handball
la pallavolo	volleyball
il paracadutismo	parachuting
il pattinaggio a rotelle	roller skating
il pattinaggio su ghiaccio	ice skating
la pesca	fishing
il ping pong	table tennis
il pugilato, la boxe	boxing
la rana	breast-stroke
la roccia	rock climbing
il rugby	rugby
il salto in alto	high jump
il salto in lungo	long jump
la scherma	fencing
lo sci d'acqua	water-skiing
lo sci di fondo	cross-country skiing
lo sci	skiing

il sollevamento pesi	weight-lifting
la speleologia	potholing
gli sport invernali	winter sports
lo sport (*inv*)	sport
lo squash	squash
lo stile libero	crawl
il surf	surfboarding
il tennis	tennis
il tiro	shooting
il tuffo	diving
la vela	sailing
il volo a vela	hang-gliding

l'attrezzatura   equipment

la barca a vela	sailing boat
il bastone da hockey	hockey stick
la bicicletta	bicycle
la boccia	bowl
la canna da pesca	fishing rod
la canoa	canoe
il cronometro	stopwatch
i guantoni (da boxe)	boxing gloves
la mazza	bat (*baseball*/*cricket*)
la mazza da golf	golf club
la palla, il pallone	ball
le parallele	parallel bars
i pattini	skates
la racchetta (da tennis)	(tennis) racket
la rete	net
le scarpe da football	football boots
gli sci	skis
la sella	saddle
il surf (*inv*)	surfboard
la tavola a vela	sailboard

luoghi e strutture   places

il campo	course, court, field, ground, pitch
il campo da golf	golf course

il campo da hockey	hockey field
il campo da tennis	tennis court
il campo di calcio	football pitch
il campo sportivo	sports ground
il centro sportivo	sports centre
le docce	showers
la piscina	swimming pool
la pista	rink, slope, track
la pista ciclabile	cycle track
la pista da pattinaggio	ice-rink
la pista da sci	ski slope
gli spogliatoi	changing rooms
lo stadio	stadium
il trampolino	diving board

le competizioni   competing

l'allenamento	training
la squadra (vincitrice)	(winning) team
la corsa	race
la tappa	stage
la mischia	scrum
la gara a cronometro	time-trial
lo sprint (*inv*)	sprint
la partita	match
l'intervallo	half-time
il gol (*inv*)	goal
il punteggio	score
il pareggio	draw
il tempo supplementare	extra time
il calcio di rigore	penalty kick
il gioco	game
la maratona	marathon
una gara, una competizione	sporting event, race, competition
il campionato	championship
un torneo	tournament, competition
un raduno	meeting, rally
la batteria, l'eliminatoria	heat
la finale	final

il primato, il record (*inv*) **(mondiale)**	(world) record
i Giochi Olimpici	Olympic Games
Il Campionato Mondiale di Calcio	World Cup
la medaglia	medal
la coppa	cup

i partecipanti   participants

un'ala	winger
un/un'alpinista	mountaineer
un/un'atleta	athlete
un calciatore/una calciatrice	football player
un/una ciclista	(racing) cyclist
un corridore	runner
un giocatore/ una giocatrice di...	... player
un pattinatore/una pattinatrice	skater
un portiere	goalkeeper
un/una pugile	boxer
uno sciatore/una sciatrice	skier
una sportiva	sportswoman
uno sportivo	sportsman
un/una tennista	tennis player
un tuffatore/una tuffatrice	diver
l'arbitro	referee
l'allenatore/l'allenatrice	coach
il campione/la campionessa	champion
il secondo/la seconda in classifica	runner-up
il maestro/la maestra di sci	ski instructor
l'istruttore/l'istruttrice di nuoto	swimming instructor
il tifoso/la tifosa	supporter
il vincitore/la vincitrice	winner
il/la perdente	loser

fa molto sport
he/she does a lot of sport

facciamo una partita di tennis!
let's have a game of tennis!

a scuola facciamo attività sportive il martedì
at school we have games every Tuesday

ci sono state delle belle azioni nel primo tempo
there was some good play in the first half

è cintura nera di judo
he/she's a black-belt in judo

le due squadre hanno pareggiato
the two teams drew

hanno dovuto giocare i tempi supplementari
they had to go into extra time

il corridore ha tagliato il traguardo
the runner crossed the finishing line

Pronti! Attenti! Via!
ready, steady, go!

See also section **2 CLOTHES**

20. IL TEMPO LIBERO
LEISURE AND HOBBIES

interessarsi a	to be interested in
divertirsi	to enjoy oneself
annoiarsi	to be bored
leggere	to read
disegnare	to draw
dipingere	to paint
avere l'hobby del fai-da-te	to do DIY
costruire	to build
fare fotografie	to do photography
collezionare	to collect
cucinare	to cook
fare il giardinaggio	to do gardening
cucire	to sew
lavorare a maglia	to knit
ballare	to dance
cantare	to sing
giocare (a)	to play (*game*)
suonare	to play (*musical instrument*)
partecipare (a)	to take part in
vincere	to win
perdere	to lose
battere	to beat
barare, imbrogliare	to cheat
fare delle passeggiate	to go for walks
fare un giro in bicicletta	to go for a cycle ride
andare in bicicletta	to cycle
fare un giro in macchina	to go for a run in the car
andare a pesca	to go fishing
interessante	interesting
entusiasmante	fascinating, exciting
appassionato di	very keen on
noioso	boring

gli hobby	hobbies
un passatempo	pastime
il tempo libero	spare time
la lettura	reading
il libro	book
un libro di fumetti	comic book
una rivista	magazine
la poesia	poetry, poem
la pittura	painting
il pennello	brush
la scultura	sculpture
la ceramica	pottery
il fai-da-te	DIY
il modellismo	model-making
il martello	hammer
il cacciavite (*inv*)	screwdriver
il chiodo	nail
la vite	screw
il trapano	drill
la sega	saw
la lima	file
la colla	glue
la vernice	paint
la fotografia	photography
una foto(grafia)	photo(graph)
la macchina fotografica	camera
un rullino	film
il cinema (*inv*)	cinema
la cinepresa	cine-camera
il video (*inv*)	video
l'informatica	computing
il computer (*inv*)	computer
i giochi per il computer	computer games
la filatelia	stamp collecting
un francobollo	stamp
un album (*inv*)	album, scrapbook
una collezione	collection

la cucina	cooking
una ricetta	recipe
il taglio e cucito	dressmaking
la macchina da cucire	sewing machine
l'ago	needle
il filo	thread
il ditale	thimble
il (carta)modello	pattern
le forbici	scissors
il lavoro a maglia	knitting
il ferro	knitting needle
un gomitolo di lana	ball of wool
l'uncinetto	crochet
il ricamo	embroidery
il ballo	dancing
il balletto	ballet
la musica	music
il canto	singing
una canzone	song
il coro	choir
il piano(forte)	piano
il violino	violin
il violoncello	cello
il clarinetto	clarinet
il flauto	flute
il flauto diritto	recorder
la chitarra	guitar
il tamburo	drum
la batteria	drums
il basso	bass
un gioco	game
un giocattolo	toy
un gioco di società	board game
gli scacchi	chess
la dama	draughts
un puzzle (*inv*)	jigsaw
le carte	cards

un dado	dice
una scommessa	bet
una gita, un'escursione	excursion, outing, hike
il ciclismo	cycling
l'ornitologia	birdwatching

mi piace leggere/lavorare a maglia
I like reading/knitting

Raimondo è molto bravo nei lavori manuali
Raimondo is very good with his hands

Elena è un'appassionata di cinema
Elena is very keen on the cinema

faccio un corso di danza
I take ballet lessons

a chi tocca? - tocca a te
whose turn is it? - it's your turn

See also sections **19 SPORT, 21 MEDIA, 22 EVENINGS OUT** and **43 CAMPING**

21. I MASS MEDIA
THE MASS MEDIA

ascoltare	to listen to
sentire	to hear
guardare	to watch
vedere	to see
leggere	to read
sfogliare	to leaf through
dare una scorsa a	to glance through
accendere	to switch on
spegnere	to switch off
alzare/abbassare il volume	to turn the volume up/down
cambiare canale	to switch over
trasmettere	to broadcast
andare in onda	to go on the air, to be broadcast

la radio — radio

una radio (*inv*)	radio
un transistor (*inv*)	transistor radio
un walkman (*R*) (*inv*)	walkman (*R*)
un riproduttore portatile	personal stereo
una trasmissione radio(fonica)	(radio) broadcast/programme
il giornale radio	news bulletin
le notizie	news
un'intervista	interview
un quiz (*inv*) radiofonico	radio quiz
la hit-parade (*inv*)	charts
un 45 giri	a single
un 33 giri	an LP
un comunicato commerciale	commercial (*radio*)
un ascoltatore/ un'ascoltatrice	listener
la ricezione	reception
un'interferenza	interference

la televisione — television

la TV (*inv*)	TV
la televisione a colori	colour television
la televisione in bianco e nero	black and white television
il televisore	television set
lo schermo	screen
l'antenna	aerial
il telecomando	remote control
il canale	channel
un programma	programme
il telegiornale	television news
un film (*inv*)	film
un documentario	documentary
un telefilm (*inv*) a puntate	series
una soap opera (*inv*)	soap opera
una puntata	episode
uno spot (*inv*) pubblicitario	commercial (*TV*)
l'annunciatore/ l'annunciatrice	newsreader, announcer
il presentatore/ la presentatrice	announcer, presenter
un telespettatore/ una telespettatrice	viewer
la televisione via cavo	cable TV
un videoregistratore	video recorder

la stampa — press

un giornale	newspaper
un quotidiano	daily
il giornale del mattino/della sera	morning/evening paper
un settimanale	weekly
una rivista	magazine
la stampa scandalistica	gutter press
un/una giornalista	journalist
un/una cronista	reporter
un/una corrispondente	correspondent

il redattore/la redattrice capo	chief editor
un reportage (*inv*)	press report
un articolo	article
i titoli	headlines
una rubrica	(regular) column
la rubrica sportiva	sports column
la posta del cuore	agony column
un annuncio pubblicitario	advertisement
la pubblicità (*inv*)	advertising
le inserzioni	classified ads
una conferenza stampa	press conference
un'agenzia di stampa	news agency
la tiratura	circulation

sulle onde corte/medie/lunghe
on short/medium/long wave

alla radio
on the radio/air

cosa c'è stasera alla TV?
what's on TV tonight?

mi sono sintonizzato sul canale 4
I tuned in to Channel 4

in diretta da Wimbledon
live from Wimbledon

22. UNA SERATA FUORI
AN EVENING OUT

uscire	to go out
incontrarsi	to meet
andare a ballare	to go dancing
andare a vedere	to go and see
invitare	to invite
prenotare	to book
applaudire	to applaud
divertirsi	to enjoy oneself
annoiarsi	to be bored
tornare a casa	to go/come home
accompagnare	to accompany
offire	to offer
ordinare	to order
raccomandare	to recommend
da solo/a	alone
assieme a, insieme a	(together) with

gli spettacoli — shows

il teatro	theatre
un costume	costume
il palcoscenico	stage
la scena	set
le quinte	wings
il sipario	curtain
il guardaroba (*inv*)	cloakroom
l'orchestra	orchestra
un posto	seat
la platea	stalls
la prima galleria	dress circle
un palco	box
il loggione	gods
l'intervallo	interval
il programma	programme
il botteghino	box office

la rappresentazione	performance (*presentation*)
l'interpretazione (*f*)	performance (*by actor*)
l'esecuzione (*f*)	performance (*of musical piece*)
la prima	first night, première
un lavoro teatrale	play
un dramma	drama
una commedia	comedy
una tragedia	tragedy
un'opera (lirica)	opera
un'operetta	operetta
il balletto	ballet
un concerto di musica classica	classical music concert
un concerto rock	rock concert
uno spettacolo	show
il circo	circus
i fuochi d'artificio	fireworks
gli spettatori, il pubblico	audience
la maschera	usher, usherette
l'attore/l'attrice	actor/actress
il ballerino/la ballerina	dancer
il direttore d'orchestra	conductor
un/una musicista	musician
un/un'illusionista	magician
un pagliaccio	clown

il cinema   cinema

il cinema (*inv*)	cinema
un film (*inv*)	film
la biglietteria	ticket office
lo spettacolo	showing
il biglietto	ticket
lo schermo	screen
il proiettore	projector
un cartone animato	cartoon
un documentario	documentary
un film storico	historical film

un film dell'orrore	horror film
un film di fantascienza	science fiction film
un film poliziesco	detective film
un western (*inv*)	western
i sottotitoli	subtitles
il doppiaggio	dubbing
un film in bianco e nero	black and white film
il/la regista	director
un divo/una diva (del cinema)	(film) star

le discoteche e i balli discos and dances

un ballo	dance
una sala da ballo	dance hall
una discoteca	disco(theque)
un nightclub (*inv*)	nightclub
un bar (*inv*)	bar
un disco	record
la pista da ballo	dance floor
il rock and roll	rock-and-roll
un gruppo pop	pop group
la musica folk	folk (music)
un lento	slow number
un/una disc-jockey (*inv*)	DJ
un/una cantante	singer
il buttafuori (*inv*)	bouncer

cenare fuori eating out

un ristorante	restaurant
una trattoria	(small) restaurant
un pub (*inv*)	pub
una pizzeria	pizzeria
una tavola calda	snack bar
il fast food (*inv*)	fast food
il cameriere/la cameriera	waiter/waitress
il menù (*inv*)	menu

il piatto del giorno	dish of the day
la lista dei vini	wine list
il conto	bill
la mancia	tip
un ristorante cinese/indiano	Chinese/Indian restaurant
un ristorante italiano	Italian restaurant

gli inviti   invitations

gli invitati	guests
l'ospite (*mf*)	host, guest
un regalo	present
un mazzo di fiori	a bunch of flowers
una scatola di cioccolatini	a box of chocolates
un drink (*inv*)	drink
le patatine	crisps
le noccioline (americane)	peanuts
una festa	party
il compleanno	birthday
le candeline	candles

bis!
encore!

vuoi ballare?
would you like to dance?

il servizio è compreso
service included

cosa danno al cinema stasera?
what's showing at the cinema tonight?

See also section **16 FOOD**

23. LA MIA CAMERA
MY ROOM

il pavimento	floor
la moquette (*inv*)	(fitted) carpet
il soffitto	ceiling
il muro, la parete	wall
la porta	door
la finestra	window
le tende	curtains
le persiane	shutters
le veneziane	Venetian blinds
la persiana avvolgibile	rolling shutter
la carta da parati	wallpaper

i mobili   furniture

il letto	bed
il copriletto	bedspread
il comodino	bedside table
il cassettone	chest of drawers
la tollette (*inv*)	dressing table
l'armadio	wardrobe, cupboard
la scrivania	desk
la sedia, la seggiola	chair
lo sgabello	stool
la poltrona	armchair
il divano	sofa
gli scaffali	shelves
la libreria	bookcase

gli oggetti   objects

la lampada	lamp
la lampada da comodino	bedside lamp
il paralume	lampshade
la sveglia	alarm clock
la radiosveglia	radio alarm

un tappeto	rug
un poster (*inv*)	poster
un quadro	picture
una fotografia	photograph
uno specchio	mirror
un libro	book
una rivista	magazine
un fumetto	comic
un diario, un'agenda	diary
un gioco	game
un giocattolo	toy

See also sections **15 DAILY ROUTINE** and **24 THE HOUSE**

24. LA CASA
THE HOUSE

abitare	to live
traslocare	to move
cambiar casa	to move (into a new house)
dare in affitto	to let
prendere in affitto	to rent
l'affitto	rent
un mutuo	mortgage
il trasloco	removal
l'inquilino/a	tenant
il proprietario/ la proprietaria	owner
il portinaio/la portinaia	caretaker
l'addetto al trasloco	removal man
la casa	house
un edificio	building
un grattacielo	skyscraper
una villetta	detached house (small)
una villa	country house, villa
una villetta bifamiliare	semi-detached house
le villette a schiera	terraced houses
un alloggio popolare	council flat
un caseggiato	block of flats
un monolocale	studio flat
un appartamento (ammobiliato)	(furnished) flat

le parti della casa parts of the house

il seminterrato	basement
il pianterreno	ground floor
il primo piano	first floor
la soffitta	loft
la cantina	cellar

una stanza, un locale	room
la mansarda	attic room
il piano	floor/storey
il pianerottolo	landing
le scale	stairs
un gradino	step
il corrimano	bannister
l'ascensore (*m*)	lift
il muro	wall
il tetto	roof
la tegola	roof tile
il camino	chimney
il caminetto	fireplace
la porta	door
la porta d'ingresso	front door
la finestra	window
il davanzale (della finestra)	(window) sill
la vetrata	big window
la portafinestra	French window
il balcone	balcony (*small*)
il terrazzo	balcony (*large*), patio
il cortile	courtyard
il garage (*inv*)	garage
(il piano) di sopra	upstairs
(il piano) di sotto	downstairs
dentro	inside
fuori	outside

le stanze — the rooms

una stanza	room
l'ingresso	entrance (hall)
il corridoio	hall
la zona giorno/notte	living/sleeping area
la cucina	kitchen
la stanza da pranzo	dining room
il tinello	small dining room
il soggiorno	living room

il salotto	sitting room, lounge
lo studio	study
la biblioteca	library
la camera da letto	bedroom
il bagno	bathroom
il gabinetto	toilet
la veranda	veranda
un angolo	corner

i mobili

furniture

una sedia	chair
una poltrona	armchair
una sedia a dondolo	rocking chair
un divano	sofa
un tavolo	table
un tavolino	coffee table
una credenza	dresser, cupboard
una libreria	bookcase
un buffet (*inv*)	sideboard
un carrello (portavivande)	trolley
una scrivania	desk
gli scaffali	shelves
il pianoforte	piano
il letto	bed
l'armadio (guardaroba)	wardrobe
la doccia	shower
il lavabo	washbasin
la vasca da bagno	bathtub
il bidé (*inv*)	bidet
il water (*inv*)	W.C
un armadietto del bagno	bathroom cabinet

gli oggetti e
gli accessori

objects and fittings

l'antenna	aerial
un attaccapanni (*inv*)	coat rack
la bilancia (pesapersone)	bathroom scales

(il buco del)la serratura	keyhole
un calorifero	radiator
il campanello	doorbell
la candela	candle
il candeliere	candlestick
la carta da parati	wallpaper
un cassetto	drawer
la cassetta delle lettere	letterbox
il catenaccio	bolt
il cestino (per la carta straccia)	(wastepaper) basket
una chiave	key
una cornice	frame
un cuscino	cushion
una fotografia	photograph
una spina	plug (electric)
una lampada	lamp
una lampada a stelo	standard lamp
un lampadario	chandelier
una lampadina	bulb
il lavandino	sink
una maniglia	door-handle, door knob
la moquette (*inv*)	(fitted) carpet
la pattumiera	bin
una piastrella	tile
un portacenere (*inv*)	ashtray
un portaombrelli (*inv*)	umbrella stand
un portariviste (*inv*)	magazine rack
un poster (*inv*)	poster
un quadro	picture
il riscaldamento centrale	central heating
un rubinetto	tap
la scala	ladder
un soprammobile	ornament
uno specchio	mirror
il tappetino da bagno	bathmat
un tappeto	rug
un tappo	plug (*bath*)
un vaso	vase
lo zerbino	doormat

una radio (*inv*)	radio
un televisore portatile	portable television set
uno stereo (*inv*)	stereo
un registratore a nastro/a cassette	tape/cassette recorder
un mangiacassette (*inv*)	portable cassette player
un giradischi (*inv*)	record player
un disco	record
una cassetta	cassette
un compact disk (*inv*)	compact disc
una macchina da scrivere	typewriter
un computer (*inv*)	computer
un videoregistratore	video (recorder)
una videocassetta	video cassette
un word processor (*inv*)	word-processor

il giardino   the garden

l'orto	vegetable garden
il prato	lawn
l'erba	grass
le erbacce	weeds
un'aiuola	flowerbed
una serra	greenhouse
i mobili da giardino	garden furniture
una sedia a sdraio	deckchair
un lettino (pieghevole)	lounger
una carriola	wheelbarrow
un tosaerba (*inv*)	lawnmower
un annaffiatoio	watering can
il barbecue (*inv*)	barbecue
il vialetto	path
il recinto	fence
il cancello	gate

See also sections **17 HOUSEWORK** and **23 MY ROOM**

25. LA CITTÀ
THE CITY

una cittadina	town
una città (*inv*)	city
un paese, un villaggio	village
la periferia	outskirts
i sobborghi	suburbs
un quartiere, un rione	district
i dintorni	surroundings
la zona, l'area	area
un agglomerato (urbano)	built-up area
la zona industriale	industrial estate
una zona residenziale	residential district
il centro storico	old town
il centro	town/city centre
la casa dello studente	university halls of residence
una città dormitorio	dormitory town
i quartieri poveri	slums
i quartieri alti	smart districts
un viale	avenue, boulevard
un vicolo cieco	cul-de-sac
la circonvallazione	ring road
una piazza	piazza, square
una strada	road
una via	street
il corso	main street
un'isola pedonale	pedestrian precinct
un vicolo	alleyway
la carreggiata	roadway
il marciapiede	pavement
un posteggio, un parcheggio	car park
un parchimetro	parking meter
un sottopassaggio	underpass, subway
il lastricato	paving
la fognatura	sewers
un lampione	streetlamp

il parco	park
i giardini pubblici	public gardens
il cimitero	cemetery
un ponte	bridge
il porto	harbour
l'aeroporto	airport
la stazione (ferroviaria)	(railway) station
lo stadio	stadium

gli edifici   buildings

un edificio	building
un caseggiato	block (of flats)
il municipio, il comune	town hall
il tribunale	Law Courts
il centro di informazioni turistiche	tourist information office
un ufficio postale	post office
una biblioteca	library
il commissariato (di polizia)	police station
la caserma dei carabinieri	police station
la questura	police headquarters
una scuola	school
una caserma	barracks
la caserma dei vigili del fuoco	fire station
una prigione	prison
una fabbrica	factory
un ospedale	hospital
una clinica	clinic
un centro culturale	arts centre
un teatro	theatre
un cinema(tografo)	cinema
un museo	museum
una galleria d'arte	art gallery
un castello	castle
un palazzo	palace
una torre	tower
una cattedrale, un duomo	cathedral
una chiesa	church

una cappella	chapel
un campanile	steeple
una sinagoga	synagogue
una moschea	mosque
un monumento	monument
un monumento commemorativo	memorial
il monumento ai caduti	war memorial
una statua	statue
una fontana	fountain

la gente   people

i cittadini	city dwellers
un/un'abitante	inhabitant
un/una passante	passer-by
i pedoni	pedestrians
un/una turista	tourist

abito alla periferia di Milano
I live on the outskirts of Milan

andiamo in città/in centro
we're going to town

fa il pendolare fra Pisa e Firenze
he/she commutes between Pisa and Florence

See also sections **18 SHOPPING, 22 AN EVENING OUT, 26 CARS, 41 PUBLIC TRANSPORT, 45 GEOGRAPHICAL TERMS** and **64 DIRECTIONS**

26. L'AUTOMOBILE
CARS

guidare	to drive
mettere in moto	to start up
rallentare	to slow down
frenare	to brake
accelerare	to accelerate
cambiar marcia	to change gear
fermarsi	to stop
parcheggiare	to park
sorpassare	to overtake
fare un'inversione a U	to do a U-turn
accendere i fari	to switch on one's lights
spegnere i fari	to switch off one's lights
lampeggiare	to flash one's headlights
abbagliare	to dazzle
attraversare	to cross, to go through
controllare	to check
dare la precedenza	to give way
avere la precedenza	to have right of way
suonare il clacson	to hoot
slittare	to skid
avere un guasto alla macchina	to break down
restare senza benzina	to run out of petrol
fare il pieno	to fill up
cambiare una ruota	to change a wheel
rimorchiare	to tow
riparare	to repair
commettere un'infrazione	to commit an offence
rispettare/oltrepassare il limite di velocità	to keep to/to break the speed limit
passare con il rosso	to jump a red light
non fermarsi allo stop	to ignore a stop sign
obbligatorio	compulsory
permesso, consentito	allowed
vietato	forbidden

i veicoli — vehicles

l'auto(mobile) (*f*), la macchina	car
un'auto (*inv*) con il cambio automatico	automatic
un'auto usata	second-hand car
una vecchia carcassa	old banger
un'auto a due/cinque porte	two/five-door car
una familiare	estate car
una berlina	saloon
un'automobile da corsa	racing car
un'auto sportiva	sports car
un'auto a trazione anteriore	front-wheel drive (car)
un'auto a quattro ruote motrici	four-wheel drive (car)
un'auto con la guida a destra	right-hand drive (car)
una decappottabile	convertible
la cilindrata	c.c.
la marca	make
un taxi (*inv*)	taxi
un autotreno, un camion (*inv*)	lorry
un autoarticolato	articulated lorry
un furgone	van
il carro attrezzi	breakdown lorry
una moto(cicletta)	motorbike
un ciclomotore	moped
uno scooter (*inv*)	scooter
un camper (*inv*)	Dormobile (R)
una roulotte (*inv*)	caravan
un rimorchio	trailer

gli utenti della strada — road users

un/un'automobilista	motorist
un guidatore/una guidatrice	driver

un guidatore spericolato	reckless driver
un guidatore della domenica	Sunday driver
un passeggero/	passenger
una passeggera	
un/una tassista	taxi driver
un/una camionista	lorry driver
un/una motociclista	motorcyclist
un/una ciclista	cyclist
un/un'autostoppista	hitch-hiker
un/una pirata della strada	hit-and-run driver
un pedone	pedestrian

le parti dell'auto   car parts

gli abbaglianti	headlights on full beam
l'acceleratore (m)	accelerator
l'accensione (f)	ignition
l'ammortizzatore (m)	shock absorber
gli anabbaglianti	dipped headlights
l'aria	choke
l'autoradio (f inv)	car radio
il bagagliaio	boot
la batteria	battery
una candela	spark plug
il carburatore	carburettor
la carrozzeria	body
la cinghia del ventilatore	fanbelt
la cintura di sicurezza	seat belt
il clacson (inv)	horn
il cofano	bonnet
il contachilometri (inv)	mileometer
il coprimozzo	hub cap
il cricco	jack
il cruscotto	dashboard
i fanali posteriori	rear lights
i fari	headlights, lights
i fari antinebbia	fog lamps
la fiancata	wing
il filtro	filter
il finestrino	window

la folle	neutral
i freni	brakes
il freno a mano	handbrake
la frizione	clutch
l'impianto elettrico	electrical system
il lampeggiatore	indicator
la leva del cambio	gear lever
le luci di posizione	sidelights
le marce	gears
il motore	engine
il motorino di avviamento	starter motor
il parabrezza (inv)	windscreen
il paraurti (inv)	bumper
il pedale	pedal
un pezzo di ricambio	spare part
il pneumatico	tyre
il portapacchi (inv)	roof rack
la portiera	door
la prima	first gear
le puntine	points
la quarta	fourth gear
la quinta	fifth gear, overdrive
il radiatore	radiator
la retromarcia	reverse
il riscaldamento	heating
la ruota	wheel
una ruota di scorta	spare wheel
la scatola del cambio	gearbox
la seconda	second gear
il sedile anteriore/posteriore	front/back seat
il serbatoio (della benzina)	petrol tank
la serratura	lock
la sospensione	suspension
lo specchietto retrovisore	(rearview) mirror
la spia dell'olio/della benzina	oil/petrol gauge
il tachimetro	speedometer
il tappo	petrol cap
la targa	number plate
il telaio	chassis

il tergicristallo	windscreen wiper
la terza	third gear
la trasmissione	transmission
il tubo di scappamento	exhaust
il volante	steering wheel
la benzina	petrol
la (benzina) normale	two-star (petrol)
la (benzina) super	four-star (petrol)
la benzina senza piombo	unleaded petrol
il carburante	fuel
la nafta	diesel
l'olio	oil
l'antigelo (*inv*)	antifreeze
i gas di scarico	exhaust fumes

le difficoltà   problems

un garage (*inv*)	garage
un meccanico	car mechanic
la stazione di servizio	petrol station
il distributore di benzina	petrol pump
l'assicurazione (*f*)	insurance
la polizza di assicurazione	insurance policy
la patente (di guida)	driving licence
il libretto di circolazione	car registration book
la carta verde	green card
il bollo	road tax disc
il codice della strada	Highway Code
la velocità (*inv*)	speed
l'eccesso di velocità	speeding
un'infrazione	offence
la multa per divieto di sosta	parking ticket
la contravvenzione	fine
la precedenza	right of way
il cartello di divieto di sosta	no parking sign
una gomma a terra	flat tyre
un guasto al motore	breakdown
un imbottigliamento	traffic jam

una deviazione	diversion
lavori in corso	roadworks
il ghiaccio	black ice
la visibilità	visibility

la guida   driving along

il traffico	traffic
una carta stradale	road map
la strada	road
una (strada) statale	main road
una (strada) provinciale	B road
l'autostrada	motorway
la corsia d'emergenza	hard shoulder
una strada a senso unico	one-way street
una corsia	lane
un cartello/un segnale stradale	road sign
lo stop (*inv*)	stop sign
il semaforo	traffic lights
il marciapiede	pavement
il passaggio pedonale	pedestrian crossing
la curva	bend
la banchina spartitraffico	central reservation
un incrocio	crossroads
il raccordo autostradale	motorway junction
un bivio	junction
una rotonda	roundabout
il pedaggio	toll
il casello (dell'autostrada)	toll station
un autogrill (*inv*)	motorway café
l'area di servizio	service area
il passaggio a livello	level crossing
il parchimetro	parking meter

che macchina è? - è una Fiat
what make is it? - it's a Fiat

(mi faccia) il pieno, per favore
fill her up please

può controllare il livello dell'olio?
could you check the oil?

metti la terza!
get into third gear!

ha abbassato i fari
he/she dipped his/her headlights

andava a 110 (chilometri) all'ora
he/she was doing 70 miles an hour

in Italia si guida a destra
in Italy, they drive on the right

questa macchina fa ... chilometri con un litro
this car does ... miles to the gallon

allacciate le cinture!
fasten your seat belt!

gli hanno ritirato la patente
he lost his driving licence

ho avuto l'esame di guida lunedì - l'hai passato?
I sat my driving test on Monday - did you pass?

guardi che ha sbagliato strada
you've gone the wrong way

See also section **51 ACCIDENTS**

27. LA NATURA
NATURE

crescere	to grow
fiorire	to flower
appassire	to wither away
abbaiare	to bark
belare	to bleat
miagolare	to mew
muggire	to moo
nitrire	to neigh

il paesaggio   landscape

un campo	field
un prato	meadow
una foresta	forest
un bosco	wood
uno spiazzo	clearing
un frutteto	orchard
la brughiera	moor
una palude	marsh
un deserto	desert
la giungla	jungle

le piante   plants

una pianta	plant
un albero	tree
un arbusto	shrub
un cespuglio	bush
una radice	root
il tronco	trunk
un ramo	branch
un ramoscello	twig
un germoglio	shoot
un bocciolo	bud
un fiore	flower, blossom

la foglia	leaf
il fogliame	foliage
la corteccia	bark
una pigna	pine cone
una castagna d'India	horse chestnut
una ghianda	acorn
una bacca	berry
il trifoglio	clover
un fungo (commestibile)	(edible) mushroom
un fungo velenoso	toadstool
le felci	ferns
l'erba	grass
l'erica	heather
l'agrifoglio	holly
l'edera	ivy
il vischio	mistletoe
il muschio	moss
una canna	reed
la vite	vine
la vigna	vineyard
le erbacce	weeds

gli alberi — trees

una conifera	conifer
un albero a foglie caduche	deciduous tree
un sempreverde	evergreen
un abete	fir tree
un acero	maple tree
una betulla	birch
un castagno	chestnut tree
un cedro	cedar
un cipresso	cypress
un faggio	beech
un frassino	ash tree
un ippocastano	horse chestnut tree
un noce	walnut tree
un olmo	elm

un pino	pine tree
un pioppo	poplar
un platano	plane tree
una quercia	oak
un salice piangente	weeping willow
un tasso	yew tree

gli alberi da frutto   fruit trees

un albicocco	apricot tree
un arancio	orange tree
un ciliegio	cherry tree
un fico	fig tree
un limone	lemon tree
un mandorlo	almond tree
un melo	apple tree
un pero	pear tree
un pesco	peach tree
un susino	plum tree

i fiori   flowers

i fiori selvatici	wild flowers
il gambo	stem
il petalo	petal
il polline	pollen

un anemone	anemone
il biancospino	hawthorn
un bucaneve (*inv*)	snowdrop
il caprifoglio	honeysuckle
un ciclamino	cyclamen
un crisantemo	chrysanthemum
una dalia	dahlia
un dente di leone	dandelion
un fiordaliso	cornflower
un garofano	carnation
un gelsomino	jasmine
un geranio	geranium
un giacinto	hyacinth

un giaggiolo	iris
un giglio	lily
un girasole	sunflower
un lillà (*inv*)	lilac
una margherita	daisy
la mimosa	mimosa
un mughetto	lily of the valley
un narciso	narcissus
un non-ti-scordar-di-me (*inv*)	forget-me-not
un'orchidea	orchid
un papavero	poppy
una petunia	petunia
i piselli odorosi	sweetpeas
una primula	primrose
un ranuncolo	buttercup
un rododendro	rhododendron
una rosa	rose
un trombone	daffodil
un tulipano	tulip
una violetta	violet

gli animali domestici — pets

un cane/una cagna	dog/bitch
un criceto	hamster
un cucciolo	puppy
un gattino	kitten
un gatto	cat
un pesce rosso	goldfish
un porcellino d'India	guinea pig

gli animali della fattoria — farm animals

un agnello	lamb
un'anatra	duck
un anatroccolo	duckling

un asino	donkey
un bue (*pl* i buoi)	ox
una capra/un caprone	nanny/billy-goat
un capretto	kid
un cavallo/una cavalla	horse, mare
un coniglio	rabbit
un gallo/una gallina	cock/hen
un maiale/una scrofa	pig/sow
un montone, un ariete	ram
una mucca	cow
un mulo	mule
un'oca	goose
una pecora	sheep, ewe
un pulcino	chick
un puledro	foal
un tacchino	turkey
un toro	bull
un vitello	calf

gli animali selvatici   wild animals

un mammifero	mammal
un pesce	fish
un rettile	reptile
la zampa	leg, paw
il muso	snout (*of animal*), muzzle
il grugno	snout (*of pig*)
la coda	tail
la proboscide	trunk
gli artigli	claws
un'antilope	antelope
una balena	whale
un bufalo	buffalo
un cammello	camel
un canguro	kangaroo
un castoro	beaver
un cervo	stag
un cinghiale	wild boar

un daino	deer
un delfino	dolphin
una donnola, una faina	weasel
un dromedario	dromedary
un elefante	elephant
una foca	seal
una gazzella	gazelle
una giraffa	giraffe
un ippopotamo	hippopotamus
un koala (*inv*)	koala bear
un leone/una leonessa	lion(ess)
un leopardo	leopard
una lepre	hare
un lupo	wolf
un orso	bear
un pescecane	shark
un ratto	rat
un riccio	hedgehog
una scimmia	monkey
uno scoiattolo	squirrel
uno squalo	shark
una tigre	tiger
un topo	mouse
una volpe	fox
una zebra	zebra

i rettili ecc.   reptiles etc

un coccodrillo	crocodile
un alligatore	alligator
una lucertola	lizard
un serpente	snake
una biscia	non-poisonous snake
un serpente a sonagli	rattlesnake
una vipera	adder
un cobra (*inv*)	cobra
un (serpente) boa (*inv*)	boa
una rana	frog
i girini	tadpoles

un rospo   toad
una tartaruga   tortoise, turtle

gli uccelli   birds

un uccello   bird
un uccello notturno   night hunter
un rapace   bird of prey
la zampa   foot
gli artigli   talons
l'ala   wing
il becco   beak
la piuma   feather

un airone   heron
un'allodola   lark
un'aquila   eagle
un avvoltoio   vulture
un canarino   canary
una cicogna   stork
un cigno   swan
una civetta   owl
una colomba   dove
un corvo   crow
un cucù (*inv*)   cuckoo
un fagiano   pheasant
un falco   falcon
un fenicottero   flamingo
un fringuello   chaffinch
un gabbiano   seagull
una gazza   magpie
un gufo   owl
un martin pescatore   kingfisher
un merlo   blackbird
un pappagallino   budgerigar, budgie
un pappagallo   parrot
un passero   sparrow
un pavone   peacock
un pettirosso   robin
un piccione   pigeon

un pinguino	penguin
una rondine	swallow
uno storno	starling
uno struzzo	ostrich
un usignolo	nightingale

gli insetti   insects

un'ape	bee
un bombo	bumblebee
un bruco	caterpillar
una cavalletta	grasshopper
una cicala	cicada
una coccinella	ladybird
una falena	moth
una farfalla	butterfly
una formica	ant
un grillo	cricket
una libellula	dragonfly
una mosca	fly
un moscerino	midge
una pulce	flea
un ragno	spider
uno scarafaggio	cockroach
un tarlo	woodworm
una tarma	clothes moth
una vespa	wasp
una zanzara	mosquito

See also sections **44 THE SEASIDE** and **45 GEOGRAPHICAL TERMS**

28. CHE TEMPO FA?
WHAT'S THE WEATHER LIKE?

piovere	to rain
piovigginare	to drizzle
nevicare	to snow
gelare	to be freezing, to freeze (over)
ghiacciare	to freeze (over)
grandinare	to hail
soffiare	to blow
splendere	to shine
sciogliersi	to melt
peggiorare	to get worse
migliorare	to improve
cambiare	to change
schiarirsi	to clear up
coperto	overcast
nuvoloso	cloudy
sereno, limpido	clear
tempestoso	stormy
afoso	muggy
asciutto	dry
caldo	warm, hot
freddo	cold
mite	mild
bello	pleasant
brutto	bad
orrendo, spaventoso	awful
variabile	changeable
umido	damp
piovoso	rainy
al sole	in the sun
all'ombra	in the shade
il tempo	weather
la temperatura	temperature
la meteorologia	meteorology

le previsioni del tempo	weather forecast
il bollettino meteorologico	weather report
il clima	climate
l'atmosfera	atmosphere
la pressione atmosferica	atmospheric pressure
un miglioramento	improvement
un peggioramento	worsening
il termometro	thermometer
un grado	degree
il barometro	barometer
il cielo	sky

la pioggia   rain

una goccia di pioggia	raindrop
un acquazzone	downpour, shower
un temporale	(thunder)storm
la grandine	hail
un chicco di grandine	hailstone
una nuvola	cloud
uno strato di nuvole	cloud layer
la rugiada	dew
una ploggerella	drizzle
la nebbia	fog
la foschia	mist
una pozzanghera	puddle
un'alluvione	flood
un tuono	thunder
un fulmine	lightning
un lampo	(flash of) lightning
una schiarita	sunny interval
l'arcobaleno	rainbow
la rugiada	dew
l'umidità	humidity

il freddo   cold weather

il nevischio	sleet
la neve	snow
un fiocco di neve	snowflake

una nevicata	snowfall
una tormenta (di neve)	snowstorm
una valanga	avalanche
una palla di neve	snowball
uno spazzaneve (*inv*)	snowplough
un pupazzo di neve	snowman
il gelo	frost
il disgelo	thaw
la brina	(hoar)frost
il ghiaccio	ice

il bel tempo   good weather

il sole	sun
un raggio di sole	ray of sunshine
il caldo	heat
un'ondata di caldo	heatwave
la canicola	scorching heat
la siccità	drought

il vento   wind

una corrente d'aria	draught
una folata di vento	gust of wind
la tramontana	North wind
la brezza	breeze
un uragano	hurricane
un tornado	tornado
una tempesta	storm

fa bel/brutto tempo
the weather is good/bad

ci sono 30° (30 gradi) all'ombra
it's 85 (degrees) in the shade

ci sono 20 gradi sotto zero
it's minus 4

piove (a catinelle)
it's raining (cats and dogs)

piove a dirotto
it's pouring

nevica
it's snowing

c'è il sole/la nebbia/il ghiaccio
it's sunny/foggy/icy

si gela in questa stanza!
it's freezing in this room!

sto morendo di caldo/di freddo
I'm sweltering/freezing

tira vento
the wind's blowing

splende il sole
the sun's shining

sta tuonando
it's thundering

29. LA FAMIGLIA E GLI AMICI
FAMILY AND FRIENDS

la famiglia — the family

i genitori	parents
un/una parente	relative
la madre	mother
il padre	father
la mamma	mum
il papà, il babbo	dad
i figli	children (*sons and daughters*)
i bambini	children, kids, babies
un bambino	little boy, baby, child
una bambina	little girl, baby, child
il figlio unico/la figlia unica	only child
la figlia	daughter
il figlio	son
i figli adottivi	adopted sons/daughters
i genitori adottivi	adoptive parents
la sorella	sister
la sorella gemella	twin sister
il fratello	brother
il fratello gemello	twin brother
la nonna	grandmother
il nonno	grandfather
i nonni	grandparents
i nipoti	grandchildren, nephews and nieces
la nipote	granddaughter, niece
il nipote	grandson, nephew
la bisnonna	great-grandmother
il bisnonno	great-grandfather
la moglie	wife
il marito	husband
la fidanzata	fiancée
il fidanzato	fiancé
la matrigna	stepmother
il patrigno	stepfather

la sorellastra	stepdaughter
il fratellastro	stepson
la suocera	mother-in-law
il suocero	father-in-law
il cognato	brother in law
la cognata	sister-in-law
la nuora	daughter-in-law
il genero	son-in-law
la zia	aunt
lo zio	uncle
il cugino/la cugina	cousin
la madrina (di battesimo)	godmother
il padrino (di battesimo)	godfather
la figlioccia	goddaughter
il figlioccio	godson

gli amici   friends

un amico/un'amica	friend
un compagno/una compagna di scuola	schoolfriend
il ragazzo	boyfriend
la ragazza	girlfriend
il vicino/la vicina (di casa)	neighbour
un/una conoscente	acquaintance
un amico intimo/un'amica intima	close friend

hai fratelli (o sorelle)?
have you got any brothers and sisters?

non ho nè fratelli nè sorelle
I have no brothers or sisters

sono figlio unico/figlia unica
I'm an only child

mia madre aspetta un bambino
my mother is expecting a baby

tua sorella/cugina/zia mi è molto simpatica
I like your sister/cousin/aunt very much

sono il/la maggiore
I am the oldest

il mio fratello maggiore ha 17 anni
my big brother is 17

la mia sorella maggiore fa la parrucchiera
my eldest sister is a hairdresser

bado alla mia sorellina
I'm looking after my little sister

il mio fratellino minore/più piccolo si succhia il pollice
my youngest brother sucks his thumb

Patrizia è la mia migliore amica
Patrizia is my best friend

non sono parenti
they are not related

vanno molto d'accordo
they get on well

See also section **8 IDENTITY**

30. LA SCUOLA E L'ISTRUZIONE
SCHOOL AND EDUCATION

andare a scuola	to go to school
studiare	to study
imparare	to learn
insegnare	to teach
fare l'appello	to call the register
imparare a memoria	to learn by heart
fare i compiti	to do one's homework
recitare una poesia	to recite a poem
domandare	to ask
rispondere	to answer
suggerire	to whisper the answer
andare alla lavagna	to go to the blackboard
sapere	to know
correggere	to do the corrections, to mark
prendere la sufficienza	to get the pass-mark
ripassare	to revise
fare un esame	to sit an exam
essere promosso/a	to pass one's exams
essere bocciato/a	to fail an exam
ripetere (l'anno)	to repeat a year
espellere	to expel
sospendere	to suspend
punire	to punish
marinare la scuola	to play truant
saltare (una lezione)	to skive

assente	absent
brillante	brilliant
capace	able
diligente	hard-working
distratto	inattentive
indisciplinato	undisciplined
intelligente	clever
presente	present
studioso	studious

l'asilo nido	crèche
l'asilo	nursery school
la scuola elementare	primary school
la scuola media inferiore	secondary school (10-13)
la scuola media superiore	secondary school (13-18)
un istituto tecnico	technical college
un collegio	boarding school
la scuola statale	state school
la scuola privata	private school, public school
una scuola serale	night school
l'università (*f inv*)	university

a scuola   at school

una classe, un'aula	classroom
la direzione	headmaster's office (*primary school*)
la presidenza	headmaster's office (*secondary school*)
la biblioteca	library
il laboratorio	laboratory
il laboratorio linguistico	language lab
il refettorio	dining hall
la palestra	gym(nasium)
l'aula magna	main hall

la classe   the classroom

un banco	desk
la cattedra	teacher's desk
un tavolo	table
una sedia	chair
un armadietto	locker, cupboard
la lavagna	blackboard
il gesso	chalk
il cancellino	duster
una cartella	school-bag
un quaderno	exercise book
un libro	book
un dizionario	dictionary
un astuccio	pencilcase

una penna a sfera	ballpoint pen
una biro (*inv*)	biro
una (penna) stilografica	(fountain) pen
una matita	pencil
un pennarello	felt-tip pen
un temperamatite (*inv*)	pencil sharpener
una gomma	rubber
un foglio di carta	sheet of paper
un pennello	paint brush
un tubetto di colori	(tube of) paint
le matite colorate	colour pencils
la carta da disegno	drawing paper
un righello	ruler
un compasso	pair of compasses
un goniometro	protractor
una squadra	set-square
un calcolatore	pocket calculator
un computer (*inv*)	computer

la ginnastica   PE

gli anelli	rings
la fune	rope
le parallele	parallel bars
il cavallo	horse
il trampolino	trampoline
la rete	net
la palla, il pallone	ball

gli insegnanti e   teachers and pupils
gli allievi

un maestro/una maestra	primary school teacher
un/un'insegnante	teacher
il direttore/la direttrice	headmaster/headmistress (*primary school*)
il/la preside	headmaster/headmistress (*secondary school*)
un professore/ una professoressa	teacher (*secondary school*), professor

l'insegnante (*mf*) di italiano	Italian teacher
un allievo/un'allieva	pupil
un alunno/un'alunna	pupil
uno scolaro/una scolara	schoolboy/girl
uno studente/una studentessa	student, secondary school pupil
un/una collegiale	boarder
un esterno/un'esterna	day-pupil
un asino/un'asina	dunce
il primo/l'ultimo della classe	top/bottom of the class
un buon/pessimo allievo	good/bad pupil
un compagno/una compagna	schoolfriend

l'insegnamento   teaching

il trimestre	term
l'orario	timetable
una materia	subject
una lezione	lesson, class
il programma (scolastico)	syllabus
una giustificazione	excuse note
la condotta	behaviour
un corso	course, class
una lezione di italiano	Italian class
il vocabolario	vocabulary
la grammatica	grammar
una regola di grammatica	grammatical rule
la coniugazione	conjugation
l'ortografia	spelling
la scrittura	writing
la lettura	reading
una poesia	poem
la matematica	maths
l'algebra	algebra
l'aritmetica	arithmetic
la geometria	geometry
un'addizione	sum
una sottrazione	subtraction

una moltiplicazione	multiplication
una divisione	division
un'equazione	equation
un problema	problem
un cerchio	circle
un triangolo	triangle
un quadrato	square
un rettangolo	rectangle
un angolo	angle
l'angolo retto	right angle
l'area, la superficie	surface
il volume	volume
il cubo	cube
il diametro	diameter
la storia	history
la geografia	geography
le scienze (naturali)	science
la biologia	biology
la chimica	chemistry
la fisica	physics
le lingue	languages
l'italiano	Italian
la filosofia	philosophy
un tema	essay, composition
una relazione	essay, dissertation
una traduzione	translation
la musica	music
il disegno	drawing
le applicazioni tecniche	handicrafts
l'educazione fisica, la ginnastica	physical education
i compiti	homework
un esercizio	exercise
una domanda	question
una risposta	answer
una prova scritta	written test

una prova orale, un'interrogazione	oral test
un esame	exam(ination)
uno sbaglio, un errore	mistake
un bel/brutto voto	good/bad mark
un risultato	result
la sufficienza	pass mark
la pagella	report
un premio	prize
una borsa di studio	scholarship
un certificato	certificate
un diploma	diploma
la maturità	A level (equivalent)
la laurea	degree
la disciplina	discipline
una punizione	punishment
l'intervallo	break
il campanello	bell
le vacanze scolastiche	school holidays
le vacanze di Natale	Christmas holidays
le vacanze di Pasqua	Easter holidays
l'inizio dell'anno scolastico	beginning of school year

è suonato il campanello
the bell has gone

non ha consegnato in tempo
he/she did not hand in his/her work on time

31. I SOLDI
MONEY

comperare, comprare	to buy
vendere	to sell
spendere	to spend
farsi prestare (da)	to borrow (from)
prestare (a)	to lend (to)
dovere (a)	to owe
pagare	to pay
pagare con un assegno	to pay by cheque
pagare in contanti/a rate	to pay cash/by instalments
restituire i soldi (a)	to pay back
rimborsare	to reimburse
cambiare	to change
riscuotere un assegno	to cash a cheque
comprare a credito	to buy on credit
accreditare	to credit
fare credito	to give credit
prelevare dei soldi	to withdraw money
versare dei soldi	to pay in money
risparmiare	to save money
fare i propri conti	to do one's accounts
essere in rosso	to be in the red
ricco	rich
povero	poor
al verde	broke
miliardario	millionaire (*equiv*)
i soldi, il denaro	money
una moneta	coin
una banconota	banknote
i contanti	cash
gli spiccioli	change (*coins*)
il resto	change (*money returned*)
un borsellino	purse
un portafoglio	wallet
i risparmi	savings

una spesa	expense
la banca	bank
la cassa di risparmio	savings bank
un cambiavalute (*inv*)	foreign exchange office
il tasso di cambio	exchange rate
la cassa	till, cashdesk, cashier's desk
lo sportello	counter
lo sportello automatico	cash dispenser
un conto in banca	bank account
un conto corrente	current account, giro
un conto corrente postale	Giro account
un prelievo	withdrawal
un versamento (bancario)	bank payment
un postagiro	postal giro
un libretto di risparmio	savings account
un deposito bancario	deposit account
un trasferimento bancario	transfer
un direttore di banca	bank manager
un impiegato di banca	bank clerk
la carta di credito	credit card
la carta assegni	cheque card
un assegno	cheque
il libretto degli assegni	chequebook
un travellers cheque (*inv*)	traveller's cheque
un eurocheque (*inv*)	Eurocheque
un modulo	form
un vaglia (*inv*) **postale**	postal order
il credito	credit
il debito	debt
il prestito	loan
gli interessi	interest
l'estratto conto	bank statement
il mutuo	mortgage
la valuta	currency
la Borsa	Stock Exchange
un'azione	share

l'inflazione (*f*)	inflation
il costo della vita	cost of living
la tassa, l'imposta	tax
l'IVA (*f*)	VAT
il bilancio	budget

il franco	franc
il marco	mark
la lira	lira
la (lira) sterlina	pound sterling
un penny (*inv*)	pence
il dollaro	dollar

un biglietto/una banconota da 10.000 lire
a 10,000 lire note

vorrei cambiare 50.000 lire in sterline
I'd like to change 50,000 lire into pounds

sto risparmiando per comprarmi una moto
I'm saving up to buy a motorbike

ho uno scoperto di 10 milioni (di lire)
I have an overdraft of 10 million lire

gli devo 20.000 lire
I owe him 20,000 lire

mi sono fatto/a prestare 10.000 lire da mio padre
I borrowed 10,000 lire from my father

puoi farmi un prestito?
can I borrow some money from you?

sono al verde
I'm broke

faccio fatica a sbarcare il lunario
I find it hard to make ends meet

See also sections **10 JOBS AND WORK** and **18 SHOPPING**

32. GLI ARGOMENTI DI ATTUALITÀ
TOPICAL ISSUES

discutere (di)	to discuss, to argue
polemizzare (su)	to argue (about)
protestare	to protest
litigare	to argue, to quarrel
criticare	to criticise
difendere	to defend (*an opinion*)
sostenere	to maintain, to uphold
persuadere, convincere	to persuade
valutare	to weigh (up)
pensare	to think
credere	to believe
per	for
contro	against
favorevole a	in favour of
contrario a	opposed to
intollerante	intolerant
di larghe vedute	broad-minded
un argomento	topic, subject
un problema	problem
un litigio	argument (*quarrel*)
una dimostrazione	demonstration
la società (*inv*)	society
i pregiudizi	prejudice
la morale	morals
la mentalità (*inv*)	mentality
il disarmo	disarmament
l'energia nucleare	nuclear energy
la bomba atomica	nuclear bomb
la pace	peace
la guerra	war
la pioggia acida	acid rain
l'ambiente (*m*)	environment
l'effetto serra	greenhouse effect

la povertà (*inv*)	poverty
la disoccupazione	unemployment
la violenza	violence
la criminalità (*inv*)	crime
la corruzione	corruption
la contraccezione	contraception
l'aborto	abortion
l'eutanasia	euthanasia
l'omosessualità	homosexuality
l'Aids (*mf*)	AIDS
un maschilista	male chauvinist
la liberazione della donna	women's liberation
il femminismo	feminism
l'uguaglianza, la parità	equality
la prostituzione	prostitution
il razzismo	racism
il terrorismo	terrorism
un uomo/una donna di colore, un nero/una nera	black person
un immigrato/un'immigrata	immigrant
un rifugiato/una rifugiata	political refugee
l'asilo politico	political asylum
l'alcol (*m inv*)	alcohol
un/un'alcolista	alcoholic
la droga	drugs
la tossicodipendenza	drug addiction
l'hascisc (*m inv*)	hashish
la cocaina	cocaine
l'eroina	heroin
il traffico della droga	drug trafficking
un/una trafficante (di droga)	dealer

sono/non sono d'accordo con te
I agree/don't agree with you

penso che tu abbia ragione/torto
I think you are right/wrong

33. LA POLITICA
POLITICS

governare	to govern, to rule
regnare	to reign
organizzare	to organise
manifestare	to demonstrate
andare alle urne	to go to the polls
eleggere	to elect
votare (per/contro)	to vote (for/against)
reprimere	to repress
abolire	to abolish
sopprimere	to do away with
imporre	to impose
legalizzare	to legalize
nazionalizzare	to nationalize
privatizzare	to privatize
internazionale	international
nazionale, statale	national
nazionalista	nationalist
politico	political
governativo, statale	governmental
democratico	democratic
conservatore	conservative
liberale	liberal
laburista	labour
radicale	radical
repubblicano	republican
socialdemocratico	social democrat
democristiano	christian democrat
socialista	socialist
comunista	communist
marxista	Marxist
fascista	fascist
anarchico	anarchist
capitalista	capitalist
estremista	extremist

verde	green
di destra	right wing
di sinistra	left wing
centrista	centre
moderato	moderate
una nazione	nation
un paese	country
uno stato	state
una repubblica	republic
una monarchia	monarchy
la patria	native land
il governo	government
il parlamento	parliament
il consiglio dei ministri	Cabinet (*equiv*)
il presidente del consiglio (dei ministri)	Prime Minister (*equiv*)
la costituzione	constitution
il presidente della repubblica	Head of State (*Italy*)
un ministro	minister
il ministro degli Esteri	Foreign Secretary
il ministro dell'Interno	Home Secretary
un deputato/una deputata	MP
un senatore/una senatrice	senator
un politico	politician
la politica	politics
la diplomazia	diplomacy
le elezioni	elections
un partito politico	political party
la destra	right
la sinistra	left
il diritto al/di voto	right to vote
il collegio elettorale	constituency
la scheda elettorale	ballot paper
l'urna	ballot box
un candidato/una candidata	candidate
la campagna elettorale	election campaign
un sondaggio d'opinione	opinion poll

un cittadino/una cittadina	citizen
i negoziati	negotiations
un dibattito	debate
una legge	law
una crisi (*inv*)	crisis
una dimostrazione	demonstration
un colpo di stato	coup
una rivoluzione	revolution
i diritti umani	human rights
la dittatura	dictatorship
un'ideologia	ideology
la democrazia	democracy
il socialismo	socialism
il comunismo	communism
il fascismo	fascism
il capitalismo	capitalism
il pacifismo	pacifism
la neutralità	neutrality
l'unità	unity
la libertà	freedom
la gloria	glory
l'opinione pubblica	public opinion
la nobiltà	nobility
l'aristocrazia	aristocracy
la borghesia	middle classes
la classe operaia	working class
il popolo	the people
il re/la regina	king/queen
l'imperatore/l'imperatrice	emperor/empress
il principe/la principessa	prince(ss)
l'ONU (*f*)	UN
le Nazioni Unite	United Nations
la CEE	EEC
la Comunità europea	European Community
il Mercato Comune (Europeo), il MEC	Common Market

34. COMUNICARE CON GLI ALTRI
COMMUNICATING

dire	to say, to tell
parlare	to talk, to speak
ripetere	to repeat
chiacchierare	to chat
aggiungere	to add
dichiarare	to declare
affermare	to maintain
fare una dichiarazione	to make a statement
esprimere	to express
insistere	to insist
pretendere	to claim, to demand
conversare	to converse with
informare	to inform
indicare	to indicate
accenare, menzionare	to mention
promettere	to promise
gridare	to shout
urlare	to yell
strillare	to shriek
sussurrare	to whisper
mormorare	to murmur
borbottare	to mumble
balbettare	to stammer
arrabbiarsi	to get worked up
rispondere	to reply
ribattere	to retort
litigare	to argue, to quarrel
discutere	to discuss
supporre	to assume
persuadere	to persuade
convincere	to convince
influenzare	to influence
(dis)approvare	to (dis)approve
essere d'accordo (con)	to agree (with)
contraddire	to contradict

contestare	to contest
obiettare	to object
confutare	to refute
esagerare	to exaggerate
sottolineare	to emphasize
predire	to predict
prevedere	to foresee
confermare	to confirm
scusarsi	to apologize
fingere di, far finta di	to pretend
ingannare	to deceive
deludere	to disappoint
lusingare	to flatter
criticare	to criticize
calunniare	to slander
negare	to deny
ammettere	to admit
confessare	to confess
riconoscere	to recognize
spiegare	to explain
gesticolare	to gesticulate
dubitare	to doubt
pettegolare	to gossip
convinto	convinced
convincente	convincing
una conversazione	conversation
una discussione	discussion
un dialogo	dialogue
un'intervista	interview (*with journalist*)
un colloquio	(job) interview
un monologo	monologue
un discorso	speech
una conferenza	lecture
un dibattito	debate
un congresso	conference
una dichiarazione	statement
una parola	word
i pettegolezzi	gossip
un'opinione	opinion

un'idea	idea
un punto di vista	point of view
un litigio	argument, quarrel
un argomento	subject, topic
un malinteso	misunderstanding
un accordo	agreement
un disaccordo	disagreement
un'allusione	allusion
un'insinuazione	insinuation
una critica	criticism
un'obiezione	objection
una confessione	confession
un microfono	microphone
un megafono	megaphone
francamente	frankly
generalmente	generally
naturalmente	naturally, of course
assolutamente	absolutely
davvero, proprio	really
completamente	entirely
può darsi, forse, magari	maybe, perhaps
indubbiamente, senza dubbio	undoubtedly
ma, però	but
comunque	however
o, oppure	or
e	and
perché	because
perciò, quindi	therefore
grazie a	thanks to
malgrado, nonostante	despite
a parte, eccetto	except
senza	without
con	with
quasi	almost
se	if

ah, davvero?
is it?/do they? etc

See also sections **32 TOPICAL ISSUES** and **36 THE PHONE**

35. LA CORRISPONDENZA
LETTER WRITING

scrivere	to write
scribacchiare	to scribble
buttar giù	to jot down
descrivere	to describe
scrivere a macchina	to type
firmare	to sign
inviare, spedire	to send, to post
arrivare	to arrive
consegnare	to deliver
sigillare	to seal
mettere un francobollo (su)	to put a stamp on
affrancare	to frank
pesare	to weigh
imbucare, impostare	to post
rimandare, rispedire	to send back
inoltrare	to forward
contenere	to contain
tenersi in corrispondenza con	to correspond with
ricevere	to receive
rispondere	to reply
leggibile	legible
illeggibile	illegible
scritto a mano	handwritten
scritto a macchina	typed
(per) via aerea	by airmail
(per) espresso	by express post
(per) raccomandata	by registered mail
a giro di posta	by return mail
una lettera	letter
la posta	mail
la carta da lettere	writing paper
la data	date

la firma	signature
la busta	envelope
l'indirizzo	address
il destinatario	addressee
il mittente	sender
il codice di avviamento postale, il CAP	postcode
il francobollo	stamp
la cassetta/la buca delle lettere	postbox
la levata	collection
l'ufficio postale	post office
la posta centrale	main post office
lo sportello	counter
l'affrancatura	postage
il timbro	rubber stamp, postmark
il fermo posta (*inv*)	poste restante
la casella postale	post office box
un pacco, un pacchetto	parcel
un telegramma	telegram
un fax (*inv*)	fax
una cartolina	postcard
la ricevuta di ritorno	acknowledgement of receipt
un modulo	form
un vaglia (*inv*) **postale**	postal order
il contenuto	contents
il postino	postman
il/la corrispondente	penfriend
la scrittura, la calligrafia	handwriting
la brutta (copia)	draft (copy)
la bella (copia)	fair copy
la biro (*inv*)	biro
la matita	pencil
la penna stilografica	fountain pen
la macchina da scrivere	typewriter
una nota	note
l'intestazione (*f*)	letterhead
il testo	text

una pagina	page
un paragrafo	paragraph
una frase	sentence
una riga	line
una parola	word
lo stile	style
un titolo	title
il margine	margin
un biglietto (di auguri)	(greetings/birthday) card
le condoglianze	condolences
una partecipazione	announcement card (*for weddings etc*)
una lettera d'amore	love letter
un reclamo	complaint

Gentile signore/signora
Dear Sir/Madam

Caro Alberto/Cara Chiara
Dear Alberto/Chiara

Spett(abile) ditta Rossi
Messrs Rossi

Accludo...
Please find enclosed ...

Distinti/Cordiali saluti
Yours faithfully/sincerely

Cordialmente
Kind regards

con affetto
love

vorrei tre francobolli da 650 (lire)
I'd like three 650 lire stamps

36. IL TELEFONO
THE PHONE

chiamare	to call
telefonare (a)	to (tele)phone, to ring
fare una telefonata	to make a phone call
dare un colpo di telefono a	to give (somebody) a ring
sollevare il ricevitore	to lift the receiver
fare/comporre il numero	to dial (a number)
sbagliare numero	to dial a wrong number
riappendere	to hang up
richiamare	to call back
rispondere (a)	to answer
togliere la comunicazione	to cut off
suonare, squillare	to ring
il telefono	phone
il ricevitore	earpiece
il segnale di libero	dialling tone
l'elenco telefonico	phone book
le pagine gialle	yellow pages
una cabina telefonica	phone box
una scheda telefonica	phone card
un gettone (telefonico)	token
una telefonata	phone call
una telefonata interurbana	long distance call
una telefonata urbana	local call
una telefonata in teleselezione	STD call
il prefisso	dialling code
il numero	number
la linea	line
il numero sbagliato	wrong number
il servizio informazioni	enquiries
il centralino	telephone exchange
il/la centralinista	operator
occupato	engaged
guasto	out of order

ha telefonato a sua madre
he/she phoned his/her mother

il telefono sta suonando
the phone's ringing

chi parla?
who's speaking?

sono Gabriella
it's Gabriella speaking

pronto! sono Pietro
hello, this is Pietro speaking

vorrei parlare con Davide
I'd like to speak to Davide

sono io
speaking

attenda, prego/rimanga in linea
hold on

è occupato
it's engaged

mi dispiace, non c'è
I'm sorry, he's/she's not in

vuol lasciar detto qualcosa?
would you like to leave a message?

chi devo dire (che ha chiamato)?
who shall I say called?

mi scusi, ho sbagliato numero
sorry, I've got the wrong number

37. I SALUTI E LE FORMULE DI CORTESIA
GREETINGS AND POLITE PHRASES

salutare	to greet
presentare	to introduce
esprimere	to express
ringraziare	to thank
augurare	to wish
scusarsi	to apologize
buongiorno	good morning/afternoon
buona sera	good evening
buona notte	good night
ciao	hello!, hi!, bye!
arrivederci	goodbye
addio	farewell
piacere (di conoscerla)	pleased to meet you
come stai/sta?	how are you?
come va?	how are things?
a presto	see you soon
a più tardi	see you later
a domani	see you tomorrow
buona giornata!	have a good day!
buon pomeriggio!	have a good afternoon!
buon appetito!	enjoy your meal!
buona fortuna!	good luck!
buon viaggio!	safe journey!, have a good trip!
benvenuto/a/i/e!	welcome!
scusa/scusi!	sorry!
scusa/scusi?	sorry?
mi dispiace	I'm sorry
attenzione!	watch out!
sì	yes
no	no
no grazie	no thanks

sì grazie	yes please
per piacere, per favore	please
grazie	thank you
molte grazie, grazie mille	thank you very much
prego	not at all
cin cin!	cheers!
salute!	bless you!, cheers!
d'accordo	OK
tanto meglio, meglio così	so much the better
tanto peggio	too bad
non importa, pazienza!	never mind!
peccato!	what a pity!

le festività   festivities

Buon Natale!	Merry Christmas!
Buon Anno!	Happy New Year!
Tanti auguri!	Best Wishes!
Buona Pasqua!	Happy Easter!
Buon compleanno!	Happy Birthday!
Rallegramenti!,	Congratulations!
Congratulazioni!	

ti/le presento Angela Bellini
may I introduce Angela Bellini?

ti/le faccio i miei migliori auguri
please accept my best wishes

ti/le faccio le mie condoglianze
please accept my condolences

ti/le auguro buon compleanno
may I wish you a happy birthday

per me è lo stesso/non importa
I don't mind

di nulla/è un piacere!
it's a pleasure

mi dispiace (moltissimo)!
I'm (terribly) sorry!

mi scusi
I beg your pardon

mi scusi se la disturbo
I'm sorry to bother you

le/ti dà noia se fumo?
do you mind if I smoke?

scusi, può dirmi...
excuse me please, could you tell me ...?

che peccato!
what a pity!

bravo/a!, complimenti!
well done!

38. I PREPARATIVI PER LE VACANZE E LA DOGANA
PLANNING A HOLIDAY AND CUSTOMS FORMALITIES

prenotare	to book, to reserve
viaggiare	to travel
fare un viaggio	to go on a journey
noleggiare	to rent (*car, equipment*)
affittare	to rent (*house*)
confermare	to confirm
disdire	to cancel
informarsi (su)	to get information (about)
documentarsi (su)	to gather information (about)
prepare/fare le valigie	to pack (one's suitcases)
fare una lista	to make out a list
prendere	to take
portare	to carry, to take
dimenticare, dimenticarsi	to forget
procurarsi un'assicurazione	to take out insurance
rinnovare il passaporto	to renew one's passport
farsi vaccinare	to get vaccinated
ispezionare	to search
dichiarare	to declare
contrabbandare	to smuggle
controllare	to check
le vacanze	holidays
un'agenzia di viaggi	travel agent's
un ufficio di informazioni turistiche	tourist information centre
un dépliant (*inv*)	brochure, leaflet
un viaggio organizzato	package tour
i compagni di viaggio	fellow travellers
l'accompagnatore/ l'accompagnatrice	tourleader
la guida (*mf*)	guide

l'itinerario	itinerary
la crociera	cruise
la prenotazione	booking
la caparra	deposit
la lista	list
il bagaglio	luggage
una valigia	suitcase
una borsa da viaggio	travel bag
uno zaino	rucksack
un'etichetta	label
il beauty-case (*inv*)	vanity case
il passaporto	passport
la carta d'identità	identity card
il visto	visa
il biglietto	ticket
un traveller's cheque (*inv*)	traveller's cheques
un'assicurazione di viaggio	travel insurance
la dogana	customs
un doganiere	customs officer
la frontiera, il confine	border
in anticipo	in advance

niente/nulla da dichiarare
nothing to declare

dobbiamo confermare la prenotazione per lettera?
should we confirm our booking in writing?

non vedo l'ora di andare in vacanza
I'm looking forward to going on holiday

See also sections **39 RAILWAYS, 40 FLYING, 41 PUBLIC TRANSPORT** and **42 AT THE HOTEL**

39. LA FERROVIA
RAILWAYS

prenotare	to reserve, to book
prendere un treno	to catch a train
perdere un treno	to miss a train
cambiare	to change
scendere	to get off
salire	to get on/in
essere in ritardo	to be late
deragliare	to be derailed
in orario	on time
in ritardo	late
prenotato	reserved
occupato	taken, engaged
libero	free
fumatori	smoking, smoker
non fumatori	non-smoker, non-smoking

la stazione   the station

una stazione (ferroviaria)	(railway) station
le Ferrovie dello Stato	Italian State Railways
le ferrovie	railways
la biglietteria	ticket office
la biglietteria automatica	ticket vending machine
l'ufficio informazioni	information
il tabellone (degli arrivi e delle partenze)	indicator board
la sala d'aspetto	waiting room
il buffet (*inv*) **della stazione**	station buffet
il deposito bagagli	left luggage
un carrello	(luggage) trolley
il bagaglio, i bagagli	luggage
l'ufficio oggetti smarriti	lost property office
il/la capostazione	stationmaster
il/la capotreno	guard

il controllore	ticket collector
un ferroviere	railwayman
un passeggero/ una passeggera	passenger
un facchino	porter

il treno — the train

un (treno) accelerato/locale	local train
un treno merci	freight train
un (treno) diretto	through train
un (treno) espresso	express train, fast train
un (treno) Intercity	Intercity train
un treno elettrico/diesel	electric/diesel train
un TEE (*inv*)	Trans-Europe-Express train
un locomotore	locomotive, engine
una locomotiva (a vapore)	steam engine
il vagone ristorante	dining car
una carrozza, una vettura	coach, carriage
un vagone letto	sleeper
la testa del treno	front of the train
la coda del treno	rear of the train
il vagone bagagliaio	luggage van
uno scompartimento	compartment
una cuccetta	couchette
il gabinetto, la toilette (*inv*)	toilet
lo sportello	door
il finestrino	window
un posto	seat
la reticella (portabagagli)	luggage rack
il segnale d'allarme	alarm

il viaggio — the journey

il marciapiede, la banchina	platform
il binario	track, platform
le rotaie, i binari	tracks
una linea (ferroviaria)	(railway) line

la rete (ferroviaria)	(railway) network
un passaggio a livello	level crossing
una galleria, un tunnel (*inv*)	tunnel
una fermata	stop
l'arrivo	arrival
la partenza	departure
la coincidenza	connection

i biglietti — tickets

un biglietto	ticket
un (biglietto) ridotto	reduced rate
un adulto	adult
un biglietto di sola andata	single (ticket)
un biglietto di andata e ritorno	return (ticket)
la classe	class
la prima (classe)	first class
la seconda (classe)	second class
una tessera di abbonamento	railcard
una prenotazione	reservation
l'orario (ferroviario)	(railway) timetable
i giorni festivi	public holidays
i giorni feriali	weekdays

sono andato/a a Genova in treno
I went to Genoa by train

un biglietto solo andata per Bologna, per favore
a single to Bologna, please

un biglietto andata e ritorno per Milano, per favore
a return ticket to Milan, please

quando parte il prossimo/l'ultimo treno per Verona?
when is the next/last train for Verona?

il treno proveniente da Roma viaggia con 20 minuti di ritardo
the train arriving from Rome is 20 minutes late

il treno proveniente da Torino è in arrivo al binario 11
the train from Turin is arriving on platform 11

devo cambiare treno?
do I have to change?

questo treno ferma a Mantova?
does this train stop at Mantua?

scusi, questo posto è libero/occupato ?
excuse me, is this seat free/taken?

permesso, (vorrei passare)
excuse me, (may I get by?)

biglietti, prego!
tickets please!

stavo per perdere il treno
I nearly missed my train

dovremo correre per prendere la coincidenza
we'll have to run to catch the connection

è venuto/a a prendermi alla stazione
he/she came and picked me up at the station

mi ha accompagnato alla stazione
he/she took me to the station

buon viaggio!
have a good journey!

40. L'AEREO
FLYING

andare in aereo	to fly
fare il check-in	to check in
decollare	to take off
atterrare	to land
fare scalo	to stop over

all'aeroporto — at the airport

un aeroporto	airport
una pista	runway
una compagnia aerea	airline
l'ufficio informazioni	information
il check-in (*inv*)	check-in
il bagaglio a mano	hand luggage
il (negozio) duty free (*inv*)	duty-free shop
l'imbarco	boarding
la sala d'imbarco	departure lounge
la carta d'imbarco	boarding pass
l'uscita	gate
il ritiro bagagli	baggage claim
l'aerostazione (*f*)	air terminal
le scale mobili	escalator
il nastro trasportatore	conveyor belt

a bordo — on board

l'aereo	plane
un jet (*inv*)	jet, plane
un jumbo-jet (*inv*)	jumbo jet
un (volo/aereo) charter (*inv*)	charter (flight/plane)
l'ala	wing
il carrello	undercarriage
l'elica	propeller
il corridoio	aisle
il finestrino	window

la cintura di sicurezza	seat belt
l'uscita di sicurezza	emergency exit
un posto	seat
un volo (diretto)	(direct) flight
un volo nazionale	domestic flight
un volo internazionale	international flight
l'altitudine (f)	altitude
la velocità	speed
la partenza	departure
il decollo	take-off
l'arrivo	arrival
l'atterraggio	landing
un atterraggio di fortuna	emergency landing
uno scalo	stop-over
il ritardo	delay
l'equipaggio	crew
il pilota	pilot
una hostess (inv)	stewardess
uno steward (inv)	steward
un passeggero/	passenger
una passeggera	
un dirottatore/	hijacker
una dirottatrice	
cancellato	cancelled
in ritardo	delayed

vorrei un posto non fumatori
I'd like a non-smoking seat

"imbarco immediato, uscita numero 17"
'now boarding at gate number 17'

"allacciare le cinture di sicurezza"
'fasten your seat belt'

"vietato fumare"
'no smoking'

scendere (da)	to get off
salire (su)	to get on
aspettare	to wait (for)
arrivare	to arrive
cambiare	to change
fermarsi	to stop
affrettarsi	to hurry
perdere	to miss
non pagare il biglietto	to dodge the fare
mostrare il biglietto	to produce one's ticket
l'autobus (*m inv*)	bus
il tram (*inv*)	tram
il pullman (*inv*)	coach (*guided tours*)
la corriera	coach (*service between towns*)
la metropolitana, il metrò (*inv*)	underground, tube
un treno locale	local train
un traghetto	ferry
un battello, un vaporetto	passenger ferry
un taxi (*inv*)	taxi
un/una conducente, un/un'autista	driver
un/una tassista	taxi driver
un tranviere	tram driver
un controllore	inspector (*train*), conductor (*bus*)
un/una pendolare	commuter
la stazione degli autobus	bus station
una stazione della metropolitana	underground station
la pensilina	bus shelter
una fermata dell'autobus	bus stop
il capolinea (*inv*)	end of the line
la biglietteria	booking office

il distributore automatico (di biglietti)	ticket machine
la sala d'aspetto	waiting room
l'ufficio informazioni	enquiries
l'uscita	exit
la rete (dei trasporti)	network
la linea	line
la banchina	platform
la partenza	departure
la direzione	direction
la destinazione	destination
l'arrivo	arrival
un posto	seat

un biglietto	ticket
la tariffa	fare
un blocchetto di biglietti	book of tickets
una tessera di abbonamento	season ticket
un adulto	adult
un bambino	child
la prima classe	first class
la seconda classe	second class
una riduzione	reduction
un supplemento	excess fare
le ore di punta	rush hour

vado a scuola in autobus
I go to school by bus

che autobus devo prendere per andare al duomo?
what bus will take me to the cathedral?

dov'è la più vicina fermata della metropolitana?
where is the nearest underground station?

può dirmi quando devo scendere?
will you tell me when to get off?

See also section **39 RAILWAYS**

42. ALL'ALBERGO
AT THE HOTEL

completo	no vacancies
chiuso	closed
compreso	included
un albergo, un hotel (*inv*)	hotel
un motel (*inv*)	motel
una pensione	guest house
una prenotazione	booking
la reception (*inv*)	reception
la pensione completa	full board
la mezza pensione	half board
l'alta/la bassa stagione	high/low season
il servizio	service
la mancia	tip
il conto	bill
un reclamo	complaint
il ristorante	restaurant
la sala da pranzo	dining room
il salone	lounge
l'atrio	entrance hall, lobby
il bar (*inv*)	bar
il posteggio	car park
l'ascensore (*m*)	lift
la (prima) colazione	breakfast
la (seconda) colazione, il pranzo	lunch
la cena	dinner, evening meal
il direttore/la direttrice	manager
il/la receptionist (*inv*)	receptionist
il portiere (di notte)	(night) porter
una cameriera	chambermaid

la camera
the room

una camera, una stanza	room
una camera singola	single room
una camera matrimoniale	double room
una camera a due letti	twin room
un letto	bed
un letto singolo	single bed
un letto matrimoniale	double bed
un lettino	cot
un bagno	bathroom
una doccia	shower
un lavandino	washbasin
l'acqua calda	hot water
la toilette (*inv*)	toilet
l'aria condizionata	air conditioning
l'uscita di sicurezza	emergency exit
la scala di sicurezza	fire escape
un balcone	balcony
la vista	view
la chiave	key

un albergo a due/tre stelle
a two/three star hotel

avete camere libere?
have you got any vacancies?

vorrei una camera singola/doppia
I'd like a single/double room

una stanza con bagno
a room with a private bathroom

una camera con vista sul mare
a room overlooking the sea

per quante notti?
for how many nights?

siamo al completo
we're full

vorrei essere svegliato/a alle sette
could you please wake me at seven a.m.?

c'è il servizio lavanderia/il riscaldamento?
is there a laundry service/heating?

mi prepara il conto, per piacere?
could you make up my bill please?

"non disturbare"
'do not disturb'

43. IL CAMPEGGIO E GLI OSTELLI DELLA GIOVENTÙ
CAMPING, CARAVANNING AND YOUTH HOSTELS

andare in campeggio	to go camping
fare campeggio libero	to camp in the wild
viaggiare con la roulotte	to go caravanning
fare l'autostop	to hitch-hike
piantare la tenda	to pitch the tent
smontare la tenda	to take down the tent
dormire all'aperto	to sleep out in the open
il campeggio	camping, campsite
un campeggiatore/ una campeggiatrice	camper
un/un'autostoppista	hitch-hiker
l'attrezzatura da campeggio	camping equipment
una tenda	tent
un lettino da campo	camp bed
un tavolino/una sedia pieghevole	folding chair/table
un materassino gonfiabile	air mattress
il soprattenda	fly sheet
un picchetto	peg
un tirante	rope
il fuoco	fire
il falò (*inv*)	campfire
i fiammiferi	matches
il (gas) butano	butane gas
una bombola di gas	gas bottle
un fornello	stove, ring
un fornelletto a gas	gas stove
il ricambio	refill
una gamella	billy can
una borraccia	water bottle
un martello	hammer
un temperino	penknife

un secchio	bucket
un sacco a pelo	sleeping bag
una torcia	torch
una bussola	compass
i servizi igienici	toilet block
le docce	showers
i gabinetti	toilets
l'acqua potabile	drinking water
un bidone della spazzatura	rubbish bin
una zanzara	mosquito
un campeggio per roulotte	caravan site
una roulotte (*inv*)	caravan
un camper (*inv*)	Dormobile (*R*)
un pulmino	caravanette
un rimorchio	trailer
un ostello della gioventù	youth hostel
il dormitorio	dormitory
la stanza dei giochi	games room
la tessera (d'appartenenza)	membership card
uno zaino	rucksack
l'autostop (*m inv*)	hitch-hiking

possiamo accamparci qui?
may we camp here?

abbiamo passato la giornata all'aria aperta
we spent the day in the open air

divieto di campeggio
no camping

44. AL MARE
AT THE SEASIDE

nuotare, fare il bagno	to swim
galleggiare	to float
sguazzare	to splash about
tuffarsi	to dive
annegare	to drown
abbronzarsi	to get a tan
prendere il sole	to sunbathe
scottarsi	to get sunburnt
spellarsi	to peel
schizzare	to splash
avere il mal di mare	to be seasick
remare	to row
affondare	to sink
rovesciarsi, scuffiare	to capsize
imbarcarsi	to go on board, embark
sbarcare	to disembark
gettare l'ancora	to drop anchor
salpare l'ancora	to weigh anchor
ombroso	shady (*place*)
soleggiato	sunny (*place*)
abbronzato	tanned
all'ombra	in the shade
al sole	in the sun
a bordo (di)	on board
al largo di	off the coast of
il mare	sea
il lago	lake
la spiaggia	beach
la riva	shore
la sponda	lakeshore, river bank
la piscina	swimming pool
il trampolino	diving board
la piscina per bambini	paddling pool
una cabina	beach hut

la sabbia	sand
i ciottoli	shingle
uno scoglio	rock
una scogliera	cliff
il sale	salt
un'onda	wave
un cavallone	breaker, big wave
la (alta/bassa) marea	(high/low) tide
la corrente	current
un gorgo	whirlpool
la costa	coast
il porto	harbour
il molo	quay, pier, jetty
il pontile	landing pier, jetty
la banchina	quayside
il lungomare (*inv*)	esplanade, promenade
il fondale (marino)	sea bed
il faro	lighthouse
l'orizzonte (*m*)	horizon
il bagnino/la bagnina	lifeguard
un istruttore/un'istruttrice di nuoto	swimming instructor
un capitano	captain
un/una bagnante	bather
un nuotatore/una nuotatrice	swimmer
una conchiglia	shell
un pesce	fish
un granchio	crab
un pescecane, uno squalo	shark
un delfino	dolphin
un gabbiano	seagull

le imbarcazioni   boats

una nave	ship
una barca (a motore)	(motor) boat
una barca a remi/a vela	rowing/sailing boat
un motoscafo	speed boat

un veliero	sailing ship
uno yacht (*inv*)	yacht
una nave di linea	liner
un traghetto	ferry
un gommone, un canotto	(rubber) dinghy
un moscone	pedalboat
un remo	oar
una vela	sail
l'ancora	anchor

gli articoli da spiaggia

things for the beach

un costume da bagno	swimsuit, trunks
i calzoncini da bagno	swimming trunks
gli slip (*inv*)	trunks
il bikini (*inv*)	bikini
la cuffia da bagno	bathing cap
la maschera	mask
un respiratore (a tubo)	snorkel
le pinne	flippers
il salvagente	rubber ring
la boa	buoy
il materassino (gonfiabile)	air mattress, Lilo (*R*)
l'ombrellone (*m*)	beach umbrella
la sedia a sdraio	deckchair
l'asciugamano (*m*)	beach towel
gli occhiali da sole	sunglasses
l'olio solare	suntan oil
la crema solare	suntan lotion
una scottatura	sunburn
la paletta	spade
il rastrello	rake
il secchiello	bucket
un castello di sabbia	sand castle
il frisbee (*R*) (*inv*)	frisbee
la palla, il pallone	ball

non so nuotare
I can't swim

divieto di balneazione
no bathing

"un uomo in mare!"
'man overboard!'

45. I TERMINI GEOGRAFICI
GEOGRAPHICAL TERMS

la carta geografica	map
l'atlante (geografico)	atlas
un continente	continent
un paese	country
un paese in via di sviluppo	developing country
una regione	area
una provincia	district
una metropoli	metropolis, big city
una città	city, town
un paese	village
una capitale	capital city
una montagna	mountain
una catena montuosa	mountain chain
una collina	hill
una scogliera	cliff
una vetta	summit, peak
un passo	pass
una valle	valley
la campagna	country, countryside
una pianura	plain
un altopiano	plateau
un ghiacciaio	glacier
un vulcano	volcano
il mare	sea
l'oceano	ocean
un lago	lake
uno stagno	pool, pond
una palude	marsh, swamp
una laguna	lagoon
un fiume	river
un ruscello	stream
un torrente	torrent, (mountain) stream
un canale	canal, channel
una sorgente	spring

la costa	coast
un'isola	island
una penisola	peninsula
un promontorio	promontory
una baia	bay
un golfo	gulf
un estuario	estuary
un delta (*inv*)	delta
un deserto	desert
una foresta	forest
un bosco	wood
la latitudine	latitude
la longitudine	longitude
l'altitudine (*f*)	altitude
la profondità (*inv*)	depth
la superficie	area
la popolazione	population
il mondo	world
l'universo	universe
i tropici	Tropics
il polo nord	North Pole
il polo sud	South Pole
l'equatore (*m*)	Equator
un pianeta	planet
il sistema solare	solar system
la terra	earth
il sole	sun
la luna	moon
una stella	star
una costellazione	constellation
la via lattea	Milky Way

qual è la montagna più alta d'Europa?
what is the highest mountain in Europe?

See also sections **27 NATURE**, **46 COUNTRIES** and **47 NATIONALITIES**

46. I PAESI, I CONTINENTI, ECC.
COUNTRIES, CONTINENTS ETC

i paesi	countries
l'Algeria	Algeria
l'Arabia Saudita	Saudi Arabia
l'Argentina	Argentina
l'Austria	Austria
il Belgio	Belgium
il Brasile	Brazil
il Canada	Canada
la Cecoslovacchia	Czechoslovakia
il Cile	Chile
la Cina	China
la Città del Vaticano	Vatican City
la Danimarca	Denmark
l'Egitto	Egypt
l'Eire (*f*)	Eire
la Finlandia	Finland
la Francia	France
il Galles	Wales
la Germania dell'Est/ dell'Ovest	East/West Germany
il Giappone	Japan
la Gran Bretagna	Great Britain
la Grecia	Greece
l'India	India
l'Inghilterra	England
l'Irlanda del Nord	Northern Ireland
Israele	Israel
l'Italia	Italy
la Jugoslavia	Yugoslavia
la Libia	Libya
il Lussemburgo	Luxembourg
il Marocco	Morocco
il Messico	Mexico
la Norvegia	Norway

la Nuova Zelanda	New Zealand
l'Olanda	Holland
i Paesi Bassi	Netherlands
il Pakistan	Pakistan
la Palestina	Palestine
la Polonia	Poland
il Portogallo	Portugal
il Regno Unito	United Kingdom
la Repubblica Sudafricana	Republic of South Africa
la Russia	Russia
San Marino	San Marino
la Scozia	Scotland
la Spagna	Spain
gli Stati Uniti	United States
la Svezia	Sweden
la Svizzera	Switzerland
la Tunisia	Tunisia
la Turchia	Turkey
l'Ungheria	Hungary
l'Unione Sovietica	Soviet Union
l'URSS	USSR
gli USA	USA

i continenti　continents

l'Africa	Africa
l'America	America
l'Asia	Asia
l'Australia	Australia
l'Europa	Europe
l'America del nord/del sud	North/South America

le città　cities

Dublino	Dublin
Edimburgo	Edinburgh
Firenze	Florence
Genova	Genoa
Livorno	Leghorn
Londra	London

Mantova	Mantua
Milano	Milan
Napoli	Naples
Roma	Rome
Torino	Turin
Venezia	Venice

le regioni

regions

il terzo mondo	Third World
i paesi dell'est	Eastern Bloc countries
il Medio Oriente	Middle East
l'Estremo Oriente	Far East
la Lombardia	Lombardy
la Puglia	Apulia
il Piemonte	Piedmont
la Sardegna	Sardinia
la Sicilia	Sicily
la Toscana	Tuscany
il Veneto	Veneto
il Friuli-Venezia Giulia	Friuli-Venezia Giulia
il Trentino Alto Adige	Trentino Alto Adige
la Val d'Aosta	Valle d'Aosta
la Liguria	Liguria
l'Emilia Romagna	Emilia Romagna
la Basilicata	Basilicata
la Campania	Campania
l'Abruzzo	Abruzzo
il Molise	Molise
la Calabria	Calabria
le Marche	Marches
l'Umbria	Umbria
il Lazio	Lazio

mari, fiumi, isole e montagne

seas, rivers, islands and mountains

il (mar) Mediterraneo	Mediterranean
il mare Adriatico	Adriatic Sea

il mar Tirreno	Tyrrhenian Sea
il mar Ionio	Ionian Sea
il mare del Nord	North Sea
l'oceano Atlantico	Atlantic Ocean
l'oceano Pacifico	Pacific Ocean
l'oceano Indiano	Indian Ocean
il canale della Manica	English Channel
il Tamigi	Thames
il Tevere	Tiber
il Po	Po
l'Arno	Arno
l'Elba	Elba
le Alpi	Alps
gli Appennini	Appennines
il monte Bianco	Mont Blanc
il lago di Garda	Lake Garda

ho passato le vacanze in Italia
I spent my holidays in Italy

l'Olanda è un paese pianeggiante
Holland is a flat country

mi piacerebbe andare in Cina
I would like to go to China

abito a Dover, in Inghilterra
I live in Dover, in England

vengono da Roma
they come from Rome

See also section **47 NATIONALITIES**

47. LE NAZIONALITÀ
NATIONALITIES

i paesi	countries
straniero	foreign
algerino	Algerian
americano	American
argentino	Argentinian
australiano	Australian
austriaco	Austrian
belga	Belgian
brasiliano	Brazilian
britannico	British
canadese	Canadian
cecoslovacco	Czechoslovakian
cileno	Chilean
cinese	Chinese
danese	Danish
egiziano	Egyptian
fiammingo	Flemish
finlandese	Finnish
francese	French
gallese	Welsh
giapponese	Japanese
greco	Greek
inglese	English
irlandese	Irish
israeliano	Israeli
italiano	Italian
jugoslavo	Yugoslavian
libico	Libyan
marocchino	Moroccan
messicano	Mexican
neozelandese	New Zealander
norvegese	Norwegian
olandese	Dutch
pakistano	Pakistani

palestinese	Palestinian
polacco	Polish
portoghese	Portuguese
russo	Russian
scandinavo	Scandinavian
scozzese	Scottish
sovietico	Soviet
spagnolo	Spanish
sudafricano	South African
svedese	Swedish
svizzero	Swiss
tedesco	German
tunisino	Tunisian
turco	Turkish

le regioni e le città areas and cities

orientale	Oriental
occidentale	Western
africano	African
asiatico	Asian
europeo	European
arabo	Arabic
parigino	Parisian
londinese	Londoner
fiorentino	Florentine
veneziano	Venetian
milanese	Milanese
romano	Roman
napoletano	Neapolitan
un inglese	an Englishman
una inglese	an Englishwoman

gli Inglesi bevono molta birra
the English drink a lot of beer

mi piace la cucina cinese
I like Chinese food

48. LE LINGUE
LANGUAGES

imparare	to learn
imparare a memoria	to learn by heart
capire	to understand
scrivere	to write
leggere	to read
parlare	to speak
ripetere	to repeat
pronunciare	to pronounce
tradurre	to translate
migliorare	to improve
voler dire	to mean
il francese	French
l'inglese (m)	English
il tedesco	German
lo spagnolo	Spanish
il portoghese	Portuguese
l'italiano	Italian
il greco moderno	modern Greek
il greco antico	classical Greek
il latino	Latin
il russo	Russian
l'arabo	Arabic
il cinese	Chinese
il giapponese	Japanese
il gaelico	Gaelic
una lingua	language
un dialetto	dialect
la lingua materna	mother tongue
una lingua straniera	foreign language
le lingue moderne	modern languages
le lingue morte	dead languages
il vocabolario	vocabulary

la grammatica grammar
l'accento accent

non capisco
I don't understand

sto imparando l'inglese
I am learning English

parla lo spagnolo correntemente
he/she speaks fluent Spanish

parla l'inglese malissimo
he/she speaks English very badly

la sua lingua materna è l'inglese
English is his/her native language

tradurre in/dall'inglese
translate into/from English

scusi, può parlare più lentamente/meno velocemente?
could you speak more slowly/less quickly, please?

scusi, può ripetere?
could you repeat that, please?

Sergio è portato per le lingue
Sergio is good at languages

49. VACANZE IN ITALIA
HOLIDAYS IN ITALY

visitare	to visit
viaggiare	to travel
interessarsi di	to be interested in
ammirare	to admire

in vacanza	on holiday
celebre, famoso	famous
pittoresco	picturesque

il turismo — tourism

le vacanze	holidays
un/una turista	tourist
uno straniero/una straniera	foreigner
l'ufficio turistico	tourist office
le attrattive	attractions
un piatto tipico	traditional dish
un costume tradizionale	traditional costume
i luoghi di interesse turistico	places of interest
una fiera	fair
una mostra	exhibition, show
le specialità	specialities
l'artigianato	crafts
una guida	guide, guidebook
un manuale di conversazione	phrasebook
una pianta	map
una visita (guidata)	(guided) tour
un viaggio	journey, trip, tour
un itinerario	route, itinerary
una gita scolastica	school trip
un viaggio organizzato	package holiday
un'escursione	excursion
una gita in pullman	coach trip
un gruppo	group

una cupola	dome, cupola
un borgo medioevale	medieval village
il centro storico	the old town
una tenuta	estate
gli scavi	excavations
un'opera d'arte	work of art
un capolavoro	masterpiece
una pinacoteca	museum (*paintings*)
l'ambasciata	embassy
il consolato	consulate
l'ospitalità	hospitality

i simboli dell'Italia symbols of Italy

la Cappella Sistina di Michelangelo	The Sistine Chapel by Michelangelo
l'Ultima cena di Leonardo	The Last Supper by Leonardo
la Primavera di Botticelli	Spring by Botticelli
il Colosseo	Coliseum
il Campidoglio	Capitol
la scalinata di piazza di Spagna	Spanish Steps
Piazza san Pietro	St.Peter's Square
il Palazzo Ducale	Doge's Palace
il Canal Grande	Grand Canal
la Ca' d'Oro	Ca'd'Oro
il ponte di Rialto	Rialto Bridge
il ponte dei Sospiri	Bridge of Sighs
la torre (pendente) di Pisa	Leaning Tower of Pisa
le Dolomiti	Dolomites
la costa Smeralda	Emerald coast
la pianura padana	Po valley
il Tricolore	Italian flag

le abitudini customs

il modo di vivere	way of life
la cultura	culture
un bar (*inv*)	bar

un caffè (*inv*)	coffee shop, café
la moda	fashion
il dialetto	dialect
il carnevale	carnival
il ferragosto	15th August
il Palio di Siena	Palio of Siena
una sagra	feast, festival (*open air*)

non dimenticarti di prendere la piantina di Firenze
don't forget to take your map of Florence

viva l'Italia!
long live Italy!

See also sections **25 THE CITY, 26 CARS, 38 PLANNING A HOLIDAY, 39 RAILWAYS, 40 FLYING, 41 PUBLIC TRANSPORT, 42 AT THE HOTEL, 43 CAMPING, 44 AT THE SEASIDE, 45 GEOGRAPHICAL TERMS** and **64 DIRECTIONS**

50. I PICCOLI INCIDENTI
INCIDENTS

succedere	to happen
accadere	to occur
avvenire	to take place
incontrare	to meet
coincidere	to coincide
scontrarsi	to collide
mancare	to miss
far cadere	to drop
rovesciare	to spill, to knock over
macchiare	to stain
(s)battere contro	to knock against
cadere	to fall
rovinare	to spoil
inciampare	to trip
danneggiare	to damage
rompere	to break
causare, provocare	to cause
fare attenzione	to be careful
distrarsi	to be distracted
dimenticare, dimenticarsi	to forget
perdere	to lose
cercare	to look for
frugare	to search, to rummage
riconoscere	to recognize
trovare	to find
ritrovare	to find (again)
perdersi	to get lost
smarrirsi	to lose one's way
chiedere la strada	to ask one's way
distratto	absent-minded
maldestro	clumsy
imprevisto	unexpected

per sbaglio	accidentally
per caso	by chance
purtroppo	unfortunately
una coincidenza	coincidence
una sorpresa	surprise
la fortuna	luck
la sfortuna	bad luck
una disgrazia	misfortune
il caso	chance
una disavventura	misadventure
un incontro	meeting
uno scontro	collision
la sbadataggine	carelessness
una caduta	fall
un danno	damage
una dimenticanza	forgetfulness, oversight
una perdita	loss
l'ufficio oggetti smarriti	lost property office
una ricompensa	reward

che combinazione!
what a coincidence!

la mia solita fortuna!
just my luck!

che peccato!
what a pity!

attento!, attenzione!
watch out!

51. GLI INCIDENTI
ACCIDENTS

guidare, andare in macchina	to drive
rischiare inutilmente	to take needless risks
non dare la precedenza	not to give way
passare con il rosso	to go through a red light
non fermarsi allo stop	to ignore a stop sign
sbandare	to skid
scivolare	to slide
fare un testa-coda	to spin
precipitare	to hurtle down
scoppiare	to burst
perdere il controllo di	to lose control of
capottare	to somersault
andare a sbattere contro	to run into
investire	to run down, to run over
sfasciare	to wreck, to smash
demolire	to demolish
danneggiare	to damage
bloccare	to block
distruggere	to destroy
rimanere intrappolato	to be trapped
essere in stato di shock	to be in a state of shock
perdere conoscenza	to lose consciousness
riprendere conoscenza	to regain consciousness
essere in coma	to be in a coma
morire sul colpo	to die on the spot
essere testimone di	to witness
fare una denuncia	to draw up a report
indennizzare	to compensate
scivolare	to slip
annegare	to drown
soffocare	to suffocate
cadere (da)	to fall (from)
cadere dalla finestra	to fall out of the window
prendere la scossa	to get an electric shock

rimanere fulminato	to electrocute oneself
bruciarsi	to burn oneself
scottarsi	to scald oneself
tagliarsi	to cut oneself
ubriaco	drunk
ferito	injured
morto	dead
grave	serious
assicurato	insured

gli incidenti stradali — road accidents

un incidente	accident
un incidente d'auto	car accident
un incidente stradale	road accident
il codice della strada	Highway Code
uno scontro	car crash, smash
un tamponamento a catena	pile-up
l'urto	impact
un'esplosione	explosion
la corsia d'emergenza	hard shoulder
l'eccesso di velocità	speeding
l'alcotest (R) (m inv)	Breathalyser (R)
la guida in stato di ubriachezza	drunk driving
la stanchezza	fatigue
la scarsa visibilità	poor visibility
la nebbia	fog
la pioggia	rain
il ghiaccio	(black) ice
una scarpata	escarpment
un precipizio	precipice
un danno	damage

altri incidenti — other accidents

un incidente sul lavoro	industrial accident
un incidente di montagna	mountaineering accident

una caduta	fall
l'annegamento	drowning
una scossa elettrica	electric shock
un incendio	fire

i feriti e i testimoni
injured persons and witnesses

un contuso	person suffering from cuts and bruises
un ferito	injured person
un ferito grave	seriously injured person
un morto	dead person
un/una testimone	witness
un/una testimone oculare	eye witness
una commozione cerebrale	concussion
una ferita	injury
un'ustione	burn
il sangue freddo	composure

i soccorsi
help

i servizi di pronto intervento	emergency services
la polizia, i carabinieri	police
i vigili del fuoco	firemen
il pronto soccorso	first aid
un caso urgente	emergency case
un'operazione d'urgenza	emergency operation
un'ambulanza	ambulance
un dottore/una dottoressa	doctor
un infermiere/un'infermiera	nurse
una valigetta del pronto soccorso	first aid kit
una lettiga	stretcher
la respirazione artificiale	artificial respiration
la respirazione bocca a bocca	kiss of life
l'ossigeno	oxygen

un laccio emostatico	tourniquet
un estintore	extinguisher
un carro attrezzi	breakdown vehicle

le conseguenze — the consequences

i danni	damages
una denuncia	report
una multa	fine
la giustizia	justice
una condanna	sentence
l'assicurazione (*f*)	insurance
la responsabilità (*inv*)	responsibility

è stato/a investito/a da una moto
he/she got run over by a motorbike

è fortunato/a! Se l'è cavata con qualche graffio
he/she is lucky! He/she escaped with only a few scratches

la mia macchina è da buttar via
my car is a write-off

gli/le hanno ritirato la patente per un anno
he/she lost his/her driving licence for a year

See also sections **6 HEALTH, 26 CARS, 28 WHAT'S THE WEATHER LIKE?** and **52 DISASTERS**

52. LE CATASTROFI
DISASTERS

attaccare	to attack
difendere	to defend
crollare	to collapse
morir(e) di fame	to starve
eruttare, entrare in eruzione	to erupt
esplodere, scoppiare	to explode
tremare	to shake
soffocare	to suffocate
bruciare	to burn
estinguere, spegnere	to extinguish
dare l'allarme	to raise the alarm
trarre in salvo	to rescue
affondare	to sink

la guerra — war

le forze armate	the armed forces
l'esercito	army
la marina (militare)	navy
l'aeronautica (militare)	air force
il nemico	enemy
un alleato	ally
il campo di battaglia	battlefield
un bombardamento	bombing
una bomba (ad orologeria)	(time) bomb
le armi nucleari	nuclear weapons
una granata	grenade
un missile	missile
un razzo	rocket
un proiettile	bullet
un carro armato	tank
un'arma	weapon, arm
un fucile	gun
una mitragliatrice	machine-gun
una mina	mine

i civili	civilians
un rifugiato/una rifugiata	refugee
un soldato	soldier
un generale	general
un colonnello	colonel
un capitano	captain
un sergente	sergeant
la crudeltà (*inv*)	cruelty
la tortura	torture
la morte	death
una ferita	wound
una vittima	victim
un rifugio antiaereo	air-raid shelter
un rifugio antiatomico	nuclear shelter
la pioggia radioattiva	radioactive fallout
una tregua	truce
un trattato	treaty
la vittoria	victory
la sconfitta	defeat
la pace	peace

le calamità naturali

natural disasters

la siccità (*inv*)	drought
la carestia	famine
la denutrizione	malnutrition
la mancanza di	lack of
un'epidemia	epidemic
un tornado (*inv*)	tornado
un ciclone	cyclone
un uragano	hurricane, storm
un maremoto	tidal wave, seaquake
un'alluvione, un'inondazione	flooding
un terremoto	earthquake
un vulcano	volcano
un'eruzione vulcanica	volcanic eruption
la lava	lava

una valanga	avalanche
una frana	landslip, landslide
l'organizzazione dei soccorsi	relief organisation
le operazioni di soccorso	rescue operations
una squadra di soccorso	rescue team
la Croce Rossa	the Red Cross
un volontario/una volontaria	volunteer
un salvataggio	rescue
un SOS	SOS

gli incendi   fires

il fuoco, un incendio	fire
il fumo	smoke
le fiamme	flames
un'esplosione	explosion
i vigili del fuoco	firemen, fire brigade
un vigile del fuoco	fireman
un'autopompa	fire engine
una scala	ladder
un idrante	hose
l'uscita di sicurezza	emergency exit
il panico	panic
un'(auto)ambulanza	ambulance
la respirazione artificiale	artificial respiration
un sopravvissuto/una sopravvissuta	survivor

aiuto!	help!
al fuoco!	fire!

See also section **51 ACCIDENTS**

53. IL CRIMINE
CRIME

commettere un reato	to commit an offence
rubare	to steal
svaligiare	to burgle, to rob
assassinare	to murder, assassinate
uccidere, ammazzare	to kill
pugnalare	to stab
strangolare	to strangle
sparare (a)	to shoot
avvelenare	to poison
assalire	to attack
forzare	to force
stuprare, violentare	to rape
ricattare	to blackmail
truffare	to swindle
imbrogliare	to con
appropriarsi indebitamente	to embezzle
spiare	to spy
prostituirsi	to prostitute oneself
drogare, drogarsi	to drug
rapire, sequestrare	to kidnap, abduct
prendere in ostaggio	to take hostage
dar fuoco a	to set fire to
arrestare	to arrest
acchiappare	to catch
scappare	to escape
indagare	to investigate
condurre delle indagini	to lead an investigation
interrogare	to question, to interrogate
perquisire	to search
avere dei precedenti penali	to have a police record
ammanettare	to handcuff
pestare	to beat up
far parlare qualcuno	to make someone talk
mettere in prigione	to imprison

circondare	to surround
bloccare l'accesso a	to seal off
metter dentro	to lock up
salvare	to rescue
difendere	to defend
accusare	to accuse
processare	to try
condannare	to sentence
riconoscere colpevole	to convict
assolvere	to acquit
colpevole	guilty
innocente	innocent

il crimine   crime

un furto	theft
un furto con scasso	burglary
una rapina	hold-up
un dirottamento aereo	hijacking
un attacco, un assalto	attack
un'aggressione a mano armata	armed attack
un omicidio	murder
una truffa	fraud
un ricatto	blackmail
uno stupro	rape
la prostituzione	prostitution
il traffico di stupefacenti	drug trafficking
il contrabbando	smuggling
lo spionaggio	spying
la malavita	underworld
un/una criminale	criminal
un pregiudicato/una pregiudicata	previous offender, criminal
un/una complice	accomplice
un ostaggio	hostage
un assassino/un'assassina	murderer
un ladro/una ladra	thief

uno scassinatore/una scassinatrice	burglar
un falsario/una falsaria	forger, counterfeiter
un ruffiano	pimp
un/una trafficante di droga	drug dealer
uno spacciatore/una spacciatrice di droga	drug pusher

le armi   weapons

una pistola	pistol
un fucile	gun, rifle
una rivoltella	revolver
un coltello	knife
un pugnale	dagger
un veleno	poison
un tirapugni	knuckle-duster

la polizia e i carabineri   police

un poliziotto, un carabiniere	policeman
un investigatore/un'investigatrice	detective
la squadra mobile	Flying Squad
un commissario	superintendent
un ispettore (di polizia)	(police) inspector
la (Squadra del) buoncostume	Vice Squad
la Repressione Frodi	Fraud Squad
un commissariato	police station
un verbale	report
le indagini	investigations
l'inchiesta	enquiry
un indizio	clue
le prove	evidence
un cane poliziotto	police dog

un informatore/ un'informatrice	informer
un manganello	truncheon
le manette	handcuffs
un casco	helmet
uno scudo	shield
il gas (*inv*) lacrimogeno	tear gas
il (furgone) cellulare	police van

il sistema giudiziario — the judicial system

un caso (giudiziario)	case
un processo	trial
il tribunale	court
l'accusato/l'accusata	accused
la vittima	victim
una prova	evidence
un/una testimone	witness
un avvocato	lawyer
il pubblico ministero	public prosecutor
un giudice, un magistrato	judge
i giurati	jurors
la difesa	defence

la condanna	sentence
l'assoluzione (*f*)	aquittal
la condizionale	suspended sentence
una riduzione della pena	reduced sentence
un'ammenda	fine
la libertà vigilata	probation
la reclusione	imprisonment
la prigione, il carcere	prison
l'ergastolo	life sentence
la pena di morte	death sentence
la sedia elettrica	electric chair
l'impiccagione (*f*)	hanging
un errore giudiziario	miscarriage of justice

è stato/a condannato/a a 20 anni di reclusione
he/she was sentenced to 20 years' imprisonment

la polizia sta indagando su questo caso
the police are investigating this case

al ladro!
stop thief!

lui l'ha minacciata con la pistola
he threatened her with a gun

54. LE AVVENTURE E I SOGNI
ADVENTURES AND DREAMS

giocare	to play
divertirsi	to have fun
immaginare	to imagine
succedere	to happen
nascondersi	to hide
scappar via	to run off/away
scappare	to escape
rincorrere	to chase
scoprire	to discover
esplorare	to explore
osare	to dare
(tra)vestirsi (da)	to dress up (as)
marinare la scuola	to play truant
giocare a nascondino	to play hide-and-seek
darsela a gambe	to take to one's heels
stregare	to bewitch
predire il futuro	to tell fortunes
sognare	to dream
sognare ad occhi aperti	to daydream
fare un sogno	to have a dream
avere un incubo	to have a nightmare

le avventure — adventures

un'avventura	adventure
una disavventura	misadventure
un gioco	game
un viaggio	journey
una fuga, un'evasione	escape
un travestimento	disguise
un avvenimento	event
una scoperta	discovery
il caso	chance

la fortuna	luck
la sfortuna	ill-luck
un pericolo	danger
un rischio	risk
un nascondiglio	hiding place
una grotta	cave
un'isola	island
un tesoro	treasure
il coraggio	courage
l'audacia	recklessness
la vigliaccheria	cowardice

le favole e le leggende

fairytales and legends

un mago	wizard, magician, sorcerer
una maga	magician, sorceress
una strega	witch
uno stregone	sorcerer
una fata	fairy
un profeta	prophet
un/una chiromante	palmist, fortune teller
uno gnomo	gnome
un diavoletto	imp
un folletto	goblin, elf
un nano	dwarf
un gigante	giant
un orco	ogre
un fantasma, uno spirito	ghost
uno scheletro	skeleton
un vampiro	vampire
un drago	dragon
un lupo mannaro	werewolf
un mostro	monster
un/un'extraterrestre	extra-terrestrial
una civetta, un gufo	owl
un rospo	toad
un gatto nero	black cat
un pipistrello	bat

un castello incantato	enchanted castle
un incantesimo	spell
un cimitero	cemetery
una nave spaziale	space ship
un ufo (*inv*)	UFO
l'universo	universe
la magia	magic
la superstizione	superstition
una bacchetta magica	magic wand
un tappeto volante	flying carpet
una scopa	broomstick
la sfera di cristallo	crystal ball
i tarocchi	tarot cards
le linee della mano	lines of the hand
la luna piena	full moon

i sogni   dreams

un sogno	dream
un incubo	nightmare
la fantasia,	imagination
l'immaginazione (*f*)	
l'inconscio	subconscious
un'allucinazione	hallucination
il risveglio	awakening

sai cosa mi è successo ieri?
do you know what happened to me yesterday?

hai rotto l'incantesimo!
you have broken the spell!

lavori troppo di fantasia
you let your imagination run away with you

55. IL TEMPO
THE TIME

oggetti per misurare il tempo	things that tell the time
un orologio	watch, clock
un orologio digitale	digital watch
una pendola	clock
una sveglia	alarm clock
un cronometro	stopwatch
l'ora esatta	speaking clock
un timer (*inv*)	timer
il campanile	clock tower
una campana	bell
una meridiana	sun dial
una clessidra	hour glass
le lancette dell'orologio	hands of a watch
la lancetta dei minuti	minute hand
la lancetta delle ore	hour hand
la lancetta dei secondi	second hand
un fuso orario	time zone
l'ora di Greenwich	Greenwich Mean Time (GMT)
l'ora legale	Summer Time
l'ora locale	local time

che ore sono?/che ora è?	what time is it?
è l'una	it's one o'clock
sono le due/le tre/le undici	it's two/three/eleven o'clock
le otto del mattino	eight am/in the morning
le otto e cinque	five (minutes) past eight
le otto e un quarto	a quarter past eight
le dieci e trenta	ten thirty

le dieci e mezza	half past ten
le undici meno venti	twenty to eleven
le undici meno un quarto	a quarter to eleven
le dodici e un quarto	twelve fifteen
le due del pomeriggio, le quattordici	two pm
le quattordici e trenta	two thirty (in the afternoon)
le dieci di sera, le ventidue	ten pm

le unità di tempo · divisions of time

l'ora	time
un'istante	instant
un momento, un'attimo	moment
un secondo	second
un minuto	minute
un quarto d'ora	quarter of an hour
mezz'ora	half-an-hour
tre quarti d'ora	three quarters of an hour
un'ora	hour
un'ora e mezza	an hour and a half

il giorno, la giornata	day
l'alba	sunrise
la mattina, il mattino, la mattinata	morning
il mezzogiorno	noon
il pomeriggio	afternoon
la sera, la serata	evening
il crepuscolo	dusk
il tramonto	sunset
la notte, la nottata	night
mezzanotte	midnight

essere in ritardo/ in orario · being late/on time

partire/uscire in orario	to leave on time
essere in anticipo	to be early, to be ahead of schedule
essere puntuale	to be on time

arrivare in orario	to arrive in time
essere in ritardo	to be late
avere ritardo	to be behind schedule
affrettarsi	to hurry (up)
aver fretta	to be in a hurry

quando?   when?

quando	when
prima	before
dopo	after
durante	during
mentre	while
presto	early
tardi	late

ora, adesso	now
al/in questo momento	at the moment
subito	straightaway
immediatamente	immediately
già	already
tra poco, a momenti	shortly, presently
poco fa	a short while ago
presto	soon
poi, dopo	then
allora	at that time, then
di recente	recently
nel frattempo, intanto	meanwhile
per ora, per adesso	for the time being
per tanto/breve tempo	for a long/short time
tanto tempo fa	a long time ago
sempre	always
spesso	often
mai	never
qualche volta, a volte	sometimes

sono le due (esatte)
it's two o'clock (exactly)

ci incontreremo alle 4 in punto
we'll meet at 4 o'clock sharp

scusi, ha l'ora esatta?
do you have the exact time?

a che ora chiudono i negozi?
what time do the shops close?

sono circa le due
it's about two o'clock

è arrivato/a verso le tre
he/she arrived at around three

sarà stata mezzanotte quando se n'è andato/a
it must have been midnight when he/she left

il mio orologio va avanti/è indietro
my watch is fast/slow

ho regolato l'orologio
I've set my watch to the right time

non ho tempo di uscire
I haven't time to go out

sbrigati a vestirti
hurry up and get dressed

non è ancora ora
it's not time yet

vado a scuola la/di mattina
I go to school in the morning

ho passato la mattinata a studiare
I spent the morning studying

56. LA SETTIMANA
THE WEEK

lunedì (*m*)	Monday
martedì (*m*)	Tuesday
mercoledì (*m*)	Wednesday
giovedì (*m*)	Thursday
venerdì (*m*)	Friday
sabato	Saturday
domenica	Sunday
il fine settimana (*inv*), **il week-end** (*inv*)	week end
un giorno, una giornata	day
una settimana	week
quindici giorni, due settimane	fortnight
oggi	today
domani	tomorrow
dopodomani	the day after tomorrow
ieri	yesterday
l'altroieri, ieri l'altro	the day before yesterday
il giorno prima	the day before
il giorno dopo, l'indomani	the day after
due giorni dopo	two days later
questa settimana	this week
la settimana prossima	next week
la settimana dopo	the following week
la settimana scorsa	last week
l'ultima settimana	the last week
lunedì scorso	last Monday
lunedì prossimo	next Monday
oggi (a) otto	in a week's time, a week today
fra quindici giorni	in two weeks' time
ieri mattina	yesterday morning
ieri sera	yesterday evening
stamattina	this morning

questo pomeriggio	this afternoon
stasera	this evening, tonight
stanotte	tonight
domattina	tomorrow morning
domani sera	tomorrow evening
tre giorni fa	three days ago
di giorno/di notte	during the day/night
giorno per giorno	day by day
un giorno sì e un giorno no	on alternate days

giovedì sono andato/a in piscina
on Thursday I went to the swimming pool

il giovedì vado in piscina
on Thursdays I go to the swimming pool

vado in piscina tutti i giovedì
I go to the swimming pool every Thursday

viene a trovarmi tutti i giorni
he/she comes to see me every day

ci vediamo domani!/a domani!
see you tomorrow!

57. L'ANNO
THE YEAR

i mesi dell'anno — the months of the year

gennaio	January
febbraio	February
marzo	March
aprile	April
maggio	May
giugno	June
luglio	July
agosto	August
settembre	September
ottobre	October
novembre	November
dicembre	December

un mese	month
un trimestre	quarter
un anno	year
un decennio	decade
un secolo	century

le stagioni — the seasons

una stagione	season
la primavera	spring
l'estate (*f*)	summer
l'autunno	autumn
l'inverno	winter

le feste — festivals

un giorno festivo	public holiday
la vigilia di Natale	Christmas Eve
il Natale	Christmas
San Silvestro	New Year's Eve
il capodanno	New Year's Day

l'Epifania, la Befana	Epiphany
il martedì grasso	Shrove Tuesday
le Ceneri	Ash Wednesday
il venerdì santo	Good Friday
la Pasqua	Easter
il lunedì dell'Angelo	Easter Monday
la Pentecoste	Whitsun
il Ferragosto	15th August
san Valentino	St Valentine's Day
il primo d'aprile	April Fools' Day
il compleanno	birthday
l'onomastico	name day

il mio compleanno cade in febbraio
my birthday is in February

l'estate è la mia stagione preferita
summer is my favourite season

piove spesso d'inverno/d'estate
it often rains in winter/summer

fa abbastanza caldo in primavera/in autunno
it's quite warm in spring/in autumn

See also sections **55 THE TIME, 56 THE WEEK** and **58 THE DATE**

58. LA DATA
THE DATE

risalire (a)	to date (from)
durare	to last
il presente	present
il passato	past
il futuro, l'avvenire (*m*)	future
la storia	history
la preistoria	prehistory
l'antichità	antiquity
il medioevo	Middle Ages
il rinascimento	Renaissance
il quattrocento, il '400	15th century
il cinquecento, il '500	16th century
la rivoluzione francese	French Revolution
la rivoluzione industriale	Industrial Revolution
il ventesimo secolo, il novecento	twentieth century
il millenovecentonovantaquattro	1994
il 2000	the year 2000
la data	date
la cronologia	chronology
attuale	present, current
moderno	modern
contemporaneo	contemporary
passato	past
futuro	future
annuale	annual, yearly
trimestrale	quarterly
mensile	monthly
settimanale	weekly
quotidiano, giornaliero	daily
in passato	in the past
un tempo, una volta	in times past

precedentemente	formerly
per molto tempo	for a long time
mai	never
sempre	always
a volte, qualche volta	sometimes
quando	when
da (quando)	since
di nuovo	again
ancora	still, yet
allora, a quel tempo	at that time
avanti Cristo, a.C.	BC
dopo Cristo, d.C.	AD

che giorno è oggi?
what date is it today?

è il primo giugno 1988
it's the first of June 1988

è il 15 (di) agosto/è ferragosto
it's the 15th of August

quand'è il tuo compleanno?/quando compi gli anni?
when is your birthday?

tornerà entro il 16 (di) luglio
he/she'll be back by the 16th of July

se n'è andato/a un anno fa
he/she left a year ago

c'era una volta...
once upon a time ...

See also sections **55 THE TIME, 56 THE WEEK** and **57 THE YEAR**

59. I NUMERI
NUMBERS

zero	zero, nought
uno	one
due	two
tre	three
quattro	four
cinque	five
sei	six
sette	seven
otto	eight
nove	nine
dieci	ten
undici	eleven
dodici	twelve
tredici	thirteen
quattordici	fourteen
quindici	fifteen
sedici	sixteen
diciassette	seventeen
diciotto	eighteen
diciannove	nineteen
venti	twenty
ventuno	twenty-one
ventidue	twenty-two
trenta	thirty
quaranta	forty
cinquanta	fifty
sessanta	sixty
settanta	seventy
ottanta	eighty
novanta	ninety
cento	a/one hundred
centouno	a/one hundred and one
centosessantadue	a/one hundred and sixty-two
duecento	two hundred
duecentodue	two hundred and two

mille	a/one thousand
duemila	two thousand
cinquemila	five thousand
diecimila	ten thousand
centomila	a/one hundred thousand
un milione	a/one million
un miliardo	a/one thousand million
primo	first
secondo	second
terzo	third
quarto	fourth
quinto	fifth
sesto	sixth
settimo	seventh
ottavo	eighth
nono	ninth
decimo	tenth
undicesimo	eleventh
dodicesimo	twelfth
tredicesimo	thirteenth
quattordicesimo	fourteenth
quindicesimo	fifteenth
sedicesimo	sixteenth
diciassettesimo	seventeenth
diciottesimo	eighteenth
diciannovesimo	nineteenth
ventesimo	twentieth
ventunesimo	twenty-first
ventiduesimo	twenty-second
trentesimo	thirtieth
quarantesimo	fortieth
cinquantesimo	fiftieth
sessantesimo	sixtieth
settantesimo	seventieth
ottantesimo	eightieth
novantesimo	ninetieth
centesimo	hundredth
centoventesimo	hundred and twentieth
duecentesimo	two hundredth

millesimo	thousandth
ultimo	last
una cifra	figure
un numero	number

una trentina/una cinquantina/un centinaio/un migliaio
about thirty/fifty/a hundred/a thousand

mille/due mila lire
one thousand/two thousand lire

un milione/due milioni di sterline
one million/two million pounds

una volta/due volte/tre volte
once/twice/three times

due virgola tre (2,3)
two point three (2.3)

il cinquanta per cento
fifty per cent

5.359
5,359

Enrico VIII (ottavo)
Henry VIII (the Eighth)

Giovanni Paolo II (secondo)
John Paul II (the Second)

60. LE QUANTITÀ
QUANTITIES

calcolare	to calculate
contare	to count
pesare	to weigh
misurare	to measure
spartirsi	to share
dividere	to divide
distribuire	to distribute
riempire	to fill
(s)vuotare	to empty
togliere, levare	to remove
diminuire	to lessen
ridurre	to reduce
abbassare	to lower
aumentare	to increase
aggiungere	to add
bastare	to be enough
niente, nulla	nothing
tutto	everything
tutto il/tutta la...	all the ..., the whole ...
tutte le/tutti i...	all the ..., every ...
qualcosa	something, anything
qualche	some, a few
parecchi/parecchie	several
ogni	each, every, all
poco/a	little
pochi/e	few
un po'	a little
un po' di	a little bit of, some
molto/a, tanto/a	a lot, much
molti/e, tanti/e	many, lots of
non...più	no more
più (di)	more
meno (di)	less
la maggior parte (di)	most

abbastanza	enough
troppo	too much
circa	about
quasi	almost
più o meno	more or less
appena	scarcely, just
proprio	just
al massimo	at the most
ancora (una volta)	(once) again
solo, soltanto	only
almeno	at least
la metà (di)	half (of)
un quarto (di)	a quarter (of)
un terzo (di)	a third (of)
uno e mezzo	one and a half
due terzi	two thirds
tre quarti	three quarters
l'intero	the whole
raro	rare
numeroso	numerous
innumerevole	innumerable
uguale	equal
disuguale	unequal
supplementare	extra
pieno	full
vuoto	empty
unico	single
doppio	double
triplo	treble
un mucchio (di)	a heap (of)
un pezzo (di)	a piece (of)
una fetta (di)	a slice (of)
un bicchiere (di)	a glass (of)
un piatto (di)	a plate (of)
una scatola (di)	a box (of)
un barattolo (di)	a tin (of)
un pacchetto (di)	a packet (of)
un cucchiaio (di)	a spoonful (of)

un pizzico (di)	a pinch/bit (of)
un pugno (di)	a handful (of)
un paio (di)	a pair (of)
una gran quantità (di)	a large number (of), masses (of)
una massa (di gente)	a crowd (of people)
una parte (di)	a part (of), a share of
una (mezza) dozzina (di)	(half) a dozen (of)
centinaia	hundreds
migliaia	thousands
il resto (di)	the rest (of)
la quantità (*inv*)	quantity
un numero	number
l'infinito	infinity
la media	average

i pesi e le misure

weights and measurements

un'oncia	ounce
un grammo	gramme
cento grammi, un etto(grammo)	a hundred grams
una libbra	pound
un chilo	kilo
una tonnellata	ton
un litro	litre
una pinta	pint
un centimetro	centimetre
un metro	metre
un chilometro	kilometre
un miglio	mile

See also section **59 NUMBERS**

61. PER DESCRIVERE LE COSE
DESCRIBING THINGS

la misura, la dimensione	size
la larghezza	width, breadth
l'altezza	height
la profondità (*inv*)	depth
la bellezza	beauty
l'aspetto	appearance
la forma	shape
una qualità (*inv*)	quality
un difetto	defect
un vantaggio	advantage
uno svantaggio	disadvantage
grande	big, large, tall
piccolo	small, short
enorme	enormous
minuscolo	tiny
microscopico	microscopic
largo	wide, large
stretto	narrow
spesso	thick
grosso	big, large, thick
sottile	thin
snello	slim
piatto	flat
profondo	deep
superficiale	shallow, superficial
lungo	long
corto	short
alto	high, tall
basso	low, short
affascinante, incantevole	charming
delizioso	lovely
bello	beautiful, handsome
buono	good
migliore	better

il migliore	the best
carino	pretty, cute
meraviglioso, stupendo	marvellous
magnifico	magnificent
fantastico	fantastic
notevole	remarkable
eccezionale	exceptional
straordinario	extraordinary
eccellente, ottimo	excellent
perfetto	perfect
brutto	ugly, bad
cattivo	bad
mediocre	mediocre
peggiore	worse
il peggiore	the worst
pessimo	very bad, awful
spaventoso	appalling
orrendo	dreadful
atroce	atrocious
difettoso	defective
leggero	light
pesante	heavy
duro	hard
solido	firm, solid
lucido	shiny
robusto	sturdy
soffice	soft
tenero	tender
delicato	delicate
fine	fine
liscio	smooth
caldo	warm, hot
freddo	cold
tiepido	lukewarm
asciutto	dry
bagnato	wet
umido	damp
liquido	liquid

semplice	simple
complicato	complicated
difficile	difficult
facile	easy
pratico	handy
utile	useful
inutile	useless
vecchio	old
antico	ancient
nuovo	new
moderno	modern
fuori moda	out of date
fresco	fresh, cool
pulito	clean
sporco	dirty
disgustoso	disgusting
logoro	worn out
di ottima/cattiva qualità	top/poor quality
curvo	curved
d(i)ritto	straight
rotondo	round
circolare	circular
ovale	oval
rettangolare	rectangular
quadrato	square
triangolare	triangular
molto, tanto, assai	very
troppo	too
piuttosto, abbastanza	rather
bene	well
male	badly
meglio	better
il meglio	the best

com'è?
what's it like?

See also section **62 COLOURS**

62. I COLORI
COLOURS

un colore	colour
arancio (*inv*), **arancione**	orange
azzurro	sky blue
beige (*inv*)	beige
bianco	white
bianco sporco (*inv*)	off-white
blu (*inv*)	blue
color carne (*inv*)	flesh-coloured
d'argento (*inv*)	silver
dorato	golden
d'oro (*inv*)	gold
giallo	yellow
grigio	grey
malva (*inv*)	mauve
marrone	brown
nero	black
rosa (*inv*)	pink
rosso	red
turchese	turquoise
verde	green
viola (*inv*)	purple
scuro	dark
chiaro	light
vivace	bright
pallido	pale
in tinta unita	plain
multicolore	multicoloured
verde chiaro/scuro	light/dark green

di che colore è?
what colour is it?

63. I MATERIALI
MATERIALS

vero	real
naturale	natural
sintetico	synthetic
artificiale	artificial
il materiale	material, substance
la composizione	composition
la sostanza	substance
una materia prima	raw material
un prodotto	product
la terra	earth
l'acqua	water
l'aria	air
il fuoco	fire
la pietra	stone
la roccia	rock
il minerale	ore, mineral
le pietre preziose	precious stones
il cristallo	crystal
il marmo	marble
il granito	granite
il diamante	diamond
l'arenaria	sandstone
l'argilla	clay
l'ardesia	slate
il carbone	coal, charcoal
il petrolio	oil, petroleum
il gas (*inv*)	gas
il metallo	metal
l'alluminio	aluminium
il bronzo	bronze
il rame	copper
l'ottone (*m*)	brass
lo stagno	tin

il peltro	pewter
il ferro	iron
l'acciaio	steel
il piombo	lead
l'oro	gold
l'argento	silver
il platino	platinum
il fil di ferro	wire
il legno	wood
il pino	pine
il bambù	cane, bamboo
i vimini	wickerwork
la paglia	straw
il compensato	plywood
il cemento (armato)	(reinforced) concrete
il cemento	cement
un mattone	brick
il gesso	plaster
lo stucco	putty, plaster
la colla	glue
il vetro	glass
il cartone	cardboard
la carta	paper
la plastica	plastic
la gomma	rubber
la terracotta	earthenware
la ceramica	baked clay
la porcellana	china, porcelain
il cuoio	leather
la cera	wax
la pelle	leather
la pelliccia	fur
la pelle scamosciata	suede
l'acrilico	acrylic
il cotone	cotton
il pizzo	lace
il raso	satin

la lana	wool
il lino	linen
la canapa	hemp
il nailon (*inv*)	nylon
il poliestere	polyester
la seta	silk
un tessuto sintetico	synthetic material
una fibra sintetica	man-made fibre
la tela	canvas
la tela cerata	oilcloth
il tweed (*inv*)	tweed
il cachemire (*inv*)	cashmere
il velluto	velvet
il velluto a coste	cord

questa casa è fatta di legno
this house is made of wood

un cucchiaio di legno
a wooden spoon

l'Età del Ferro
the Iron Age

64. LE DIREZIONI
DIRECTIONS

chiedere	to ask
indicare	to show, to point out
mostrare	to show
prenda	take
continui	keep going
segua	follow
oltrepassi	go past
ritorni	go back
faccia marcia indietro	reverse
giri a destra	turn right
giri a sinistra	turn left

le direzioni   directions

la sinistra	left
la destra	right
a sinistra	on/to the left
a destra	on/to the right
sempre d(i)ritto	straight ahead/on
dove	where
sopra	on, above
sotto	under
lungo	along
accanto a, vicino a	beside, next to
in mezzo a	in the middle of
davanti a, di fronte a	in front of
dietro a	behind
in fondo a	at the end/bottom of

i punti cardinali   the points of the compass

il sud	south
il nord	north
l'est (m)	east

l'ovest (*m*)	west
il nordest	north-east
il sudovest	south-west

dopo	after
dopo il semaforo	after the traffic lights
appena prima di	just before
per...metri	for ... metres
al prossimo incrocio	at the next crossroads
la prima a destra	first on the right
la seconda a sinistra	second on the left

mi può indicare la strada per la stazione?
can you tell me the way to the station?

come faccio per andare al teatro dell'Opera?
how do I get to the Opera House?

è lontano da qui?
is it far from here?

a dieci minuti da qui
ten minutes from here

a 100 metri da qui
100 metres away

a sud di Padova
south of Padua

Londra si trova nell'Inghilterra del sud
London is in the south of England

65. ABBREVIAZIONI
ABBREVIATIONS

a.C. (avanti Cristo)	BC
A.C.I. (Automobile Club d'Italia)	Italian Automobile Association
avv. (avvocato)	lawyer
C (Celsius)	C
ca. (circa)	approx
cap. (capitolo)	chapter
C.A.P. (codice di avviamento postale)	post code
c/c (conto corrente)	current account
cfr. (confronta)	cf
C.P. (casella postale)	PO Box
C.R.I. (Croce Rossa Italiana)	Italian Red Cross
CV (cavallo vapore)	hp (horse power)
D.C. (Democrazia Cristiana)	Christian Democratic Party
d.C. (dopo Cristo)	AD
D.O.C. (denominazione d'origine controllata)	wine quality mark
Dott./Dr. (dottore)	Dr.
Dott.ssa (dottoressa)	Dr. (*woman*)
E (est)	E (East)
ecc. (eccetera)	etc
Egr.Sig. (egregio signore)	Mr.(*in letters*)
es. (esempio)	eg
F.S. (Ferrovie dello Stato)	Italian State Railways
f.to (firmato)	signed
ing. (ingegnere)	engineer
kmq (chilometro quadrato)	km^2
Lit. (lire italiane)	Italian lire
L.st. (lira sterlina)	pound
mitt. (mittente)	sender
N (nord)	N (North)
n., N° (numero)	no.

N.B. (nota bene)	NB
ns. (nostro)	our, ours
O (ovest)	W (West)
on. (onorevole)	MP
pag. (pagina/e)	p, pp (page(s))
P.C.I. (Partito Comunista Italiano)	Italian Communist Party
P.T. (Poste e Telecomunicazioni)	Post Office (*equiv*)
prof. (professore)	Prof
P.S. (Pubblica Sicurezza)	Police
P.S. (post scriptum)	PS
p.zza (piazza)	Sq
p.le (piazzale)	Sq
rag. (ragioniere)	CA (chartered accountant)
R.A.I. (Radio Audizioni Italiane)	Italian Broadcasting Company
Rep. (repubblica)	Rep
rev. (reverendo)	Rev (Reverend)
R.U. (Regno Unito)	UK
S (sud)	S (South)
S. (santo/a)	St (Saint)
sec. (secolo)	century
seg. (seguente)	foll (following)
Sig. (signor)	Mr
Sig.a (signora)	Mrs
Sigg. (signori)	Messrs
Sig.na (signorina)	Miss
SIP (Società Idroelettrica per le Telecomunicazioni)	Italian Telephone Company
s.l.m. (sul livello del mare)	above sea level
tbc (tubercolosi)	TB
tel. (telefono)	tel
v. (vedi)	see
v.le (viale)	Ave
vs. (vostro)	your, yours

INDEX